AF411289

VIE DE M. MUSART

VIE

DE

M. MUSART

CURÉ DE SOMME-VESLE

MORT POUR LA FOI, A REIMS, LE 11 MARS 1796

PAR M. L'ABBÉ PUISEUX

Animam meam pono pro ovibus
meis. (JOAN. X, 15)
Je donne ma vie pour mes brebis.

CHALONS-SUR-MARNE

IMPRIMERIE MARTIN FRÈRES, PLACE DE LA RÉPUBLIQUE, 50.

M. DCCC. XCI

L'auteur s'est servi, en plusieurs endroits de la présente *Vie*, de ces expressions : *le saint prêtre, le vénérable martyr, etc.*

Pour se conformer aux décrets du Souverain Pontife Urbain VIII, il déclare n'avoir point eu l'intention, par ces qualifications ou autres semblables, de prévenir, en aucune manière, le jugement de l'Eglise sur la vie, les vertus et le genre de mort de M. Musart.

A Sa Grandeur Monseigneur SOURRIEU

ÉVÊQUE DE CHALONS.

MONSEIGNEUR,

La vie de M. Musart, curé de Somme-Vesle, appartient à l'histoire du Clergé châlonnais. Elle est une page édifiante de cette histoire au XVIIIe siècle, et une page héroïque de ses Annales pendant la Révolution. A ce double titre, Votre Grandeur a pensé qu'elle méritait d'être proposée en exemple aux prêtres de son diocèse.

*Daignez donc, Monseigneur,
en agréer l'hommage,
ainsi que le profond respect de
Votre très humble et très obéissant serviteur.*

PUISEUX, pr.

Lettre de Sa Grandeur Mgr SOURRIEU,
Evêque de Châlons.

Châlons, le 5 décembre 1890.

Monsieur l'Abbé,

La vie de M. l'abbé Musart, martyr des troubles impies du dernier siècle, avait été composée par le P. Loriquet et plusieurs fois rééditée : mais elle vient d'être rajeunie par votre plume, et complétée par des documents inédits du plus grand intérêt, dont la découverte est due à votre sagacité.

J'y retrouve le style limpide, la méthode et l'onction chrétienne qui recommandèrent votre *Vie de Mgr de Prilly* à l'approbation des bons juges. Les prêtres considéreront votre nouveau livre comme leur *Manuel*, tant y ressortent les exemples de zèle, surtout envers l'enfance, et ceux de fermeté qui leur sont nécessaires parmi les épreuves du temps présent.

Les fidèles puiseront dans cette vie héroïque une haute idée de leurs pasteurs, voués au salut des âmes, pour lequel ils affrontent l'exil et la mort.

Il fallait de telles pages pour dérober à l'oubli une des gloires les plus pures et les plus glorieuses du diocèse de Châlons. Je vous en témoigne vivement ma reconnaissance.

† G.-MARIE, *Evêque de Châlons.*

INTRODUCTION

La *Vie de M. Musart* a été écrite en
1796 par l'abbé Loriquet, compagnon de
captivité du martyr, dans la cellule même
de la prison de Reims où ils avaient passé
ensemble quinze jours, et « d'où le saint
prêtre était parti pour aller à la mort. »

Cette histoire abrégée du vénérable curé
de Somme-Vesle ne fut imprimée qu'en 1823,
sans l'aveu de l'auteur qui était alors membre
de la Compagnie de Jésus. Elle parut accom-
pagnée d'une traduction latine due à
M. Hulot, doyen d'Attigny, au diocèse de
Reims (1).

(1) *Vie de M. Musart*, curé de Somme-Vesle et
Poix, diocèse de Châlons-sur-Marne, guillotiné à

En 1827, le P. Loriquet donna de son livre une deuxième édition plus étendue (1). Enfin, en 1845, quelques semaines avant sa mort, il en fit paraître une troisième, plus complète encore, avec l'approbation de Mgr Gousset, archevêque de Reims, et de Mgr de Prilly, évêque de Châlons (2).

Reims, en haine de la religion catholique. — Par M. J. N. Loriquet, prêtre. — Traduite en latin par J. V. B. Hulot, alors acolyte du diocèse de Metz, maintenant curé titulaire d'Attigny, diocèse de Reims. — Reims, imprimerie de Delaunois, imprimeur de Son Excell. Mgr l'Archevêque, 1823.

(1) *Le Modèle des pasteurs* ou *Vie de M. Musart*, curé de Somme-Vesle, diocèse de Châlons-sur-Marne, mort à Reims pour la Foi, le 11 mars 1796. — A Lyon, chez Rusand, libraire, imprimeur du clergé. — A Paris, à la librairie eccl. de Rusand. — 1827.

(2) *Vie de M. Musart,* curé de Somme-Vesle et de Poix, diocèse de Châlons-sur-Marne, mort à Reims pour la Foi, le 11 mars 1796; suivie de notices sur les prêtres des deux diocèses de Reims et de

Le P. Loriquet, nous l'avons dit, avait passé quinze jours avec M. Musart ; plus tard il se renseigna auprès de ceux, ecclésiastiques ou laïques, qui avaient vécu avec le saint prêtre avant la Révolution et pendant l'exil ; il était donc bien informé, aussi a-t-il pu écrire dans la *Préface* de l'édition de 1845 : « Notre conscience nous dit, et nous n'hésitons pas à protester hautement que nous avons mis tous nos soins à n'écrire sur ce héros de la foi rien que d'exact, rien que de sûr, rien qui ne puisse

Chàlons persécutés et mis à mort pendant la Révolution. — A Paris, chez Poussielgue Rusand, — 1845. — Sur l'exemplaire de cet ouvrage destiné à accompagner les restes de M. Musart, le P. Loriquet écrivit de sa main déjà défaillante ces mots : *Ad perennem — Nicolai Musart — ac sociorum ejus memoriam — quorum omnium suffragiis — se enixè commendat — hujus opusculi auctor — J. N. Lor., — Societatis Jesu presbyter. — Par., die 8 febr. — 1845.*

soutenir l'examen de la plus sévère critique (1). »

Le P. Loriquet était d'ailleurs un homme d'une haute valeur personnelle en même

(1) Au bas du manuscrit de 1796, l'abbé Loriquet avait déjà écrit :

« Je soussigné, prêtre catholique du diocèse de Reims, certifie que le présent manuscrit rédigé par moi et écrit de ma propre main, est marqué au coin de la plus exacte vérité ; que je ne me suis permis d'y rien avancer qui n'eût été par moi examiné et vérifié avec la plus scrupuleuse sévérité ; que tous les faits, dires et circonstances qui y sont rapportés sont appuyés : 1° sur les monuments authentiques qui m'ont été produits ou par sa respectable famille ou par des paroissiens recommandables par leur probité, ou par M. Roussel, prêtre plus vénérable encore par sa piété et ses vertus que par son grand âge, qui a élevé M. Musart dans sa jeunesse et lui a toujours depuis servi de mentor et de guide ; 2° sur les témoignages d'autres personnes dignes de foi dont la véracité est au-dessus de tout soupçon ; 3° enfin, sur mes propres connaissances, ayant eu l'avantage de vivre dans la plus étroite

temps qu'un saint religieux. Entré en 1814 dans la Compagnie de Jésus après avoir fait partie pendant onze ans des Pères de la Foi, il remplit pendant toute sa vie des charges élevées dans la Société, où il fut successive-

liaison et la confidence la plus intime avec M. Musart, depuis son entrée en la prison de Bonne-Semaine de Reims, où il me trouva incarcéré comme lui, jusqu'au moment de son dernier sacri-fice.

« L'hommage que je rends ici à la vérité m'est commandé et par la certitude où je suis de n'avoir rien avancé de faux ou d'exagéré, et par la profonde vénération dont je suis et serai toute ma vie pénétré pour les rares vertus de ce héros chrétien qui 's'est montré si digne de la couronne du martyre.

« En foi de quoi j'ai signé, ce trente et un juillet mil huit cent, à Reims.

« Loriquet. »

(Copié à l'hospice Saint-Marcoul de Reims, lors de l'ouverture du coffre où sont renfermés les précieux restes, le 4 avril 1891.)

ment Recteur du séminaire de Saint-Acheul, fondateur et recteur de celui d'Aix, supérieur de la maison de Paris et consulteur de la Province (1).

Le livre du P. Loriquet est donc une œuvre véridique et faisant autorité. Les renseignements qu'il contient sont absolument certains.

Nous en avons fait le fond du présent ouvrage.

Cependant, fallait-il nous contenter d'une

(1) Sa vie a été écrite par un Père de la Compagnie, sous ce titre : *Vie du R. P. Loriquet*, **de la Compagnie de Jésus, écrite d'après sa correspondance et ses ouvrages inédits. — A Paris, chez Poussielgue Rusand — 1845. — 1 vol. in-12.**

Il va sans dire qu'il y est fait bonne justice de l'imputation calomnieuse qui pèse sur la mémoire de l'auteur de l'*Histoire de France*. La fameuse phrase sur « le marquis de Buonaparte, lieutenant-général des armées de Louis XVIII » n'a jamais été écrite. Voir d'ailleurs, sur ce sujet, la *Champagne catholique*, N° d'août 1844, p. 509.

simple réimpression ? Nous ne l'avons point pensé. Nous avons, en effet, retrouvé des documents assez nombreux et assez importants qui ont échappé au P. Loriquet : des lettres et pièces diverses conservées à Somme-Vesle et aux archives du département ; une *Note* manuscrite sur les différents séjours de M. Musart dans les Pays-Bas et en Allemagne pendant son exil ; des extraits des archives d'Erfurt où il a passé quelque temps ; le dossier complet de son arrestation, de son interrogatoire et de son jugement, tiré des archives du greffe de Reims. D'autres pièces originales, comme la *lettre à sa mère*, nous ont permis de rectifier le texte connu. Enfin, nous avons visité les lieux témoins des différentes phases de la vie de M. Musart, et tenu entre nos mains les souvenirs assez nombreux que plusieurs personnes conservent comme de précieuses reliques.

Pour ces raisons, nous avons cru qu'il serait utile d'écrire une nouvelle *Vie de M. Musart*. En nous servant du livre du P. Loriquet, nous le complétons. Nous avons d'ailleurs conservé au récit le caractère que le pieux religieux lui avait donné ; nous avons fait ou du moins nous avons eu l'intention de faire un livre d'édification. Nous ne pouvions nous proposer autre chose en racontant la vie d'un saint prêtre et d'un martyr.

C'est dans ce but, autant que pour obéir aux scrupules de l'historien, que nous avons cherché à recueillir tout ce qui s'est conservé de M. Musart, et que nous avons tenu à publier les lettres qui manquaient à l'œuvre première. Les reliques de l'intelligence et du cœur du prêtre-martyr nous ont paru mériter autant d'honneur que les restes de son corps ou les objets qui lui ont appartenu ; or l'on verra, à la fin de ce livre, avec quelles précautions les générations qui se sont succédé ont veillé à ce qu'aucune parcelle de ces restes vénérés ne fût perdue.

Il se dégage d'ailleurs de ces lettres un parfum de piété et de zèle sacerdotal qui ne peut que réjouir les âmes chrétiennes et les porter au bien.

Nous ne voulons point clore cette introduction sans exprimer notre particulière reconnaissance aux personnes qui ont encouragé notre travail ou qui nous ont aidé dans nos recherches. Que M. le chanoine Musart, vicaire général de Châlons, parent du vénérable martyr, M. le chanoine Bussenot, vicaire général de Reims, et M. l'abbé Phelizon, curé de Somme-Vesle, reçoivent ici nos sincères remerciements.

Dieu vous

Reims à la prison le 11 mars matin 1791

adieu ma chère et tendre mère adieu.
je vous écris pour la dernière fois. il faut
mourir je suis condamné au tribunal des hommes
dans quelques heures je ne serai plus de ce monde
mais consolez vous bientôt nous nous réunirons
dans le ciel comme je l'espère fermement je vais vous préparer
la place, plein de confiance en la divine
miséricorde je périrai du nombre des élus ac...
prie la mort est un gain pour moi et elle est aussi
pour vous; la première grâce que je demanderai
au seigneur pour vous, c'est la persévérance dans
son saint amour et que quand le moment sera venu
il vous fasse mourir de la mort des justes pour nous
revoir et nous réunir dans la céleste patrie je
meurs pour ma religion c'est le ... c'est le plus vif
que le seigneur m'a fait ... qu'a présent, c'est celle
qui couronne toutes les autres. estimez vous
heureuse d'avoir un fils qui meurt pour la même
religion pour laquelle sont morts les apôtres
un nombre infini de martyrs. remerciez le
seigneur de ce bonheur et de cette faveur
je ne vous serai pas moins utile dans le ciel que

que sur la terre. adieu aussi mes chers freres et sœurs
neveux et nièces, vous tous mes chers parents adieu
adieu encore vous, mes très chers et bien aimés
paroissiens a Dieu; nous ne nous verrons plus
sur la terre nous reverrons nous tous ensemble
dans le ciel? cela dépend de la vie que nous
aurons mené sur la terre. vivez dans la piété dans
la crainte du seigneur; soyez fidèles a la religion
sainte que j'ai taché de vous enseigner par mes
instructions et mes exemples demeurez ferme dans
la foi de vos peres. obeissez toujours a Dieu
plustot qu aux hommes. vous etes tout l'objet de
ma tendresse je vous porte tous gravés d'ans mon
cœur. dans quelque heures je paroitrai aux pieds du
trone de l'éternel; je vous recommanderai a sa
miséricorde; je le prierai d'avoir pitié de vous
de vous donner des pasteurs catholique qui soient
selon son cœur. hier j'ai vu une épine de
la couronne de mon divin sauveur aujourd'huy
dans quelque moment je verai celui qui a été cou
ronné d'épines. je regarde ce jour. comme le
plus beau et le plus heureux de ma vie
mon sort n'est point a plaindre, il est

aussi mes chers freres et sœurs
tous mes chers parens adieu
mes tres chers et bien aimés
nous ne nous verrons plus
vous nous tous ensemble
nid de la vie que nous
vivrons dans la piete dans
soyez fidels a la religion
vous en ... par mes
... demeurez ferme dans
... toujours a Dieu
vous etes tous l'objet de
sorte tous graves d'aumon
et je paraitrai aux pieds du
Seigneur recommanderai à sa
... rit ... je vous

est plustot digne d'envie. ceux qui sont a
plaindre sont plustot ceux qui n'atten... aussi
...cent point la mort qui me fait de la peine
c'est de vous abandonner vous tous que j'aime
d'une toute la tendresse de mon coeur. je ne
re grette la vie que par rapport a vous. je crois
vous avoir fait tout le bien qui était en mon pouvoir
mon intention etoit de continuer. j'ai toujours
fait mon bonheur et ma consolation de faire le
votre. aujourd'huy qu'il nous faut ... l'un de
l'autre mais je vous laisse sa grace et sa gara et je
vous recommande a sa misericorde. le peu de
tems qui me reste, l'affluence de monde qui vient
nous visiter, implorer le secours de nos prins et
m'empeche de vous en dire davantage. a dieu
donc encore quelquefois, a dieu pour la
derniere fois. je suis avec toute la tendresse
et la sollicitude pastorale en jesus christ
votre pasteur
Musart curé de
Sommervelle et joir

je fais mille compliment et mes adieu a ma cousine
mon... joseph son mari et a tous les catholiques qui me
connoissent je prierai dieu pour eux quand il lui plaira pour moi
j'ai aussi une reconnoissance a mon consul louis cousin
et a toute sa famille je leur fais aussi mes adieu

a
i
u
o
v
e
i Po
i
qu
lu
v
ro
y
y
? ... ritornò di voi

VIE

M. MUSART

I.

ENFANCE ET JEUNESSE.

Naissance de M. Musart. — La maison paternelle. — Premières
années. — Habitudes chrétiennes. — Pèlerinages. — La
vocation. — M. Musart au collège de Châlons. — Le grand
séminaire. — La prêtrise : désir du martyre.

Nicolas Musart naquit à Somme-Vesle,
village du diocèse de Châlons-sur-Marne, le 15
avril 1754. Il était le deuxième enfant de
François Musart et de Marie-Anne Poinsenet,
tous deux appartenant à d'anciennes familles
du pays. Ses parents le firent baptiser le jour
même de sa naissance, selon la coutume chrétienne de ce temps-là.

La maison où naquit Nicolas Musart existe encore dans l'état, à peu près, où elle était il y a un siècle et demi. Elle est modeste, telle qu'il convenait à de bons laboureurs, et rien ne la distingue de ses voisines qu'une statuette de saint Martin, placée dans une niche au milieu de la façade. Une inscription, rajeunie ces années dernières, dit que cette image fut posée là en 1722.

A l'intérieur, un autre indice subsiste encore des habitudes de piété héréditaires dans la famille. C'est une petite bibliothèque fort ancienne et renfermant les vieux livres qui ont servi à l'éducation chrétienne de plusieurs générations : une Bible à images, l'Imitation de Jésus-Christ, la Vie des Saints, les Offices de l'Eglise.... Plusieurs copies manuscrites de livres pieux ou de prières y ont place à côté des livres imprimés. Nous y avons remarqué entre autres, et nous avons feuilleté avec une curiosité mêlée de respect une *Journée du chrétien* ainsi écrite à la main, et nous nous plaisions à penser que, dans ces pages jaunies, l'enfant

dont nous racontons la vie avait puisé ces
habitudes d'ordre et de régularité qui le distin-
guèrent plus tard.

La première éducation du jeune Musart fut
donc toute chrétienne, comme on pouvait
l'attendre d'une telle famille, en particulier de
sa mère, bonne et digne femme, d'une piété
simple et sincère. Les détails nous manquent,
toutefois, sur ces premières années. Seule, une
confidence révélée plus tard par l'ami qui l'avait
reçue jette un peu de lumière sur ces commen-
cements, et nous montre par quels avertisse-
ments lointains la Providence prépare une âme
à l'accomplissement de ses desseins.

Avant même d'avoir fait sa première communion, à l'âge de douze ou treize ans par conséquent, le jeune Nicolas éprouva plus d'une fois
le désir de verser son sang pour Jésus-Christ.
Comment avait pu naître, dans cette âme
d'enfant, la pensée du martyre que rendait
doublement inexplicable la tranquillité des
temps et le calme de la vie champêtre ? C'est le
secret de Dieu. Toujours est-il qu'elle se repré-

sentait de temps en temps à son esprit. Il en faisait volontiers, dans l'intimité, le candide aveu.

La première communion dut aider singulièrement au développement de cette piété naissante. A ce moment de la vie de l'enfant se rapporte un trait dont le souvenir est resté dans la famille. La nuit, il éveillait son jeune frère Jérôme qui couchait dans le même lit, et l'invitait à réciter des prières. « Encore celle-ci, puis cette autre, disait-il à son petit compagnon, et je te laisserai dormir. » Et cela durait parfois, au rapport du petit frère, assez long-temps.

Vers ce temps-là, aussi, l'intelligence de l'enfant s'ouvrait; sa curiosité s'éveillait. La lecture des livres pieux de la bibliothèque paternelle lui fournissait un aliment. La Vie des Saints, surtout, nous en avons pour garants d'anciens souvenirs, allait à son caractère méditatif. Il emportait le volume dans les champs et le lisait pendant que les autres prenaient leur repos.

La piété du jeune Musart le porta, quand il fut devenu grand, vers les pèlerinages. Nul doute qu'il n'ait fait plusieurs fois celui de Notre-Dame de l'Epine dont le célèbre sanctuaire est voisin de Somme-Vesle, et où l'appelait un souvenir de famille. Une de ses parentes y avait été guérie miraculeusement un siècle auparavant (1).

On parlait aussi beaucoup, dans la contrée, de Notre-Dame de Liesse. Il obtint d'y aller. Un peu plus tard, il entreprit le voyage plus

(1) On lit dans l'Inventaire général des titres de la Fabrique de Notre-Dame de l'Epine, dressé en 1660, la mention suivante :

« V. — 4. *Item*, un autre certificat signé de la « main de Marie Musart, native de Poix en Cham- « pagne, demeurant à Saint-Julien-lez-Courtisols, « laquelle ne pouvant cheminer sans grande diffi- « culté, étant arrivée en cette église pour y rendre « ses vœux, elle s'en retourna saine et libre, y « ayant laissé ses potences (béquilles) pour preuve « et mémoire de sa guérison, le neuvième mai « 1642. »

long et plus difficile de Saint-Nicolas-de-Port (1). C'était un vœu qu'il accomplissait pour les siens. Alors qu'il était encore lui-même tout petit enfant, son frère aîné, plus âgé de deux ans, était tombé dans la rivière qui coule au bas du jardin, en face de la maison. Le père, pour détourner de ses enfants, à l'avenir, pareil malheur, avait promis le pèlerinage à Saint-Nicolas. Son fils le faisait pour lui.

Cependant le moment était venu de se joindre aux autres jeunes gens du village et de prendre part à leurs divertissements parfois peu mesurés, ou de rompre avec eux. Nicolas s'arrêta à ce dernier parti.

On le vit éviter les jeux bruyants, s'éloigner des sociétés profanes, se garder avec une sorte de pudeur craintive des amusements suspects et de tout ce qui aurait pu porter la moindre atteinte à la pureté de ses mœurs. Ses contemporains ont rendu de lui, à cette époque de sa

_____

(1) Célèbre sanctuaire dédié à saint Nicolas, à deux lieues de Nancy.

vie, un beau témoignage : « Jamais, ont-ils affirmé plus tard, même parmi les mondains et ceux pour lesquels sa conduite était un blâme, jamais on n'a entendu dire un mot à son désavantage, révéler une faute, signaler un défaut. »

Il ne mettait cependant aucune affectation à s'isoler ainsi, et savait se faire pardonner une conduite si différente de celle des autres par sa bienveillance et sa douceur. Il trouvait d'ailleurs un dédommagement aux privations qu'il s'imposait dans l'amitié d'un jeune homme de son âge, Etienne Lallement, pieux et réservé comme lui. Ils allaient ensemble, l'après-midi du dimanche, faire leur visite au Saint-Sacrement. Ils la prolongeaient quelquefois fort tard. Un soir même qu'ils s'étaient oubliés dans la prière plus longtemps que de coutume, ils ne remarquèrent pas que le sacristain fermait sur eux les portes de l'église, et ne trouvèrent qu'à grand peine un moyen de sortir.

Les pratiques de piété prenaient, dans la vie du jeune Musart, chaque jour plus de place ; même, plusieurs fois déjà, il avait cru entendre la voix de Dieu qui l'appelait à un état plus parfait. Il n'en continua pas moins à se livrer aux travaux des champs, Mais l'appel devint plus pressant, et, sur l'avis du curé qui reconnaissait en lui les signes de la vocation ecclésiastique, il se décida à s'en ouvrir à son père, et lui demanda la permission de commencer ses études. François Musart était chrétien, mais il lui sembla tout d'abord qu'il ne pouvait se passer des services de son fils aîné. Il croyait aussi que cette vocation avait besoin d'être éprouvée et refusa son consentement. Nicolas se soumit.

Pourtant il se sentait attiré de plus en plus vers la vie religieuse, sans voir encore clairement dans quelle situation Dieu voulait qu'il le servît.

L'idée lui vint d'aller demander à quelques pèlerinages célèbres la lumière qui lui manquait. Il ne se proposait rien moins que d'aller jusqu'à Saint-Jacques de Compostelle pour passer de là en Italie, à Lorette puis à Rome.

Un pareil projet ne semblait point alors aussi

extraordinaire qu'il le paraîtrait aujourd'hui. Il n'était pas rare que la dévotion portât les plus fervents vers des sanctuaires éloignés, par delà les Pyrénées et les Alpes. Il y avait à Châlons une confrérie uniquement composée de pèlerins de Compostelle ; on l'appelait la confrérie de Saint-Jacques et elle avait compté cent membres en 1721. Chaque année les confrères allaient en pèlerinage à Notre-Dame de l'Epine. Nicolas avait pu les y rencontrer et prendre d'eux l'idée de quelque lointain voyage.

Une nuit de l'année 1775 il quitta secrètement la maison paternelle et se mit en route. Le matin, son père, s'apercevant de son départ, monta à cheval et se mit à sa poursuite. Il le rejoignit à quelques lieues de Somme-Vesle. Mais Nicolas ne consentit à rentrer à la maison qu'avec la promesse formelle qu'on lui laisserait suivre en paix sa vocation.

La promesse ne fut point tenue. Le père trouvait toujours de nouveaux prétextes pour différer. Mais le jeune homme ne pouvait résister à la voix impérieuse qui l'appelait. Il trompa une seconde fois la vigilance paternelle et courut se présenter au Couvent des Récollets à Verdun. On ne l'admit pas, sans doute à cause des obstacles suscités par son père, et il dut revenir encore une fois à Somme-Vesle.

Une année se passa pendant laquelle sa volonté de se consacrer à Dieu s'affermit encore, et il demanda de nouveau la permission de suivre son inclination. Le père céda enfin, et Nicolas put commencer les études qui devaient le conduire au sacerdoce. Il avait alors vingt-trois ans. Il fut placé d'abord chez un maître d'école de village qui devait lui donner les premières notions du latin. L'année 1778, il entra au Collège de Châlons (1). Mais bientôt la mort de son père, survenue cette année-là même, remit tout en question. Nicolas était l'aîné de la famille, et sa mère réclamait son secours. Un de ses frères s'offrit pour aider Madame Musart dans la conduite de la maison,

(1) Le petit séminaire ne devait être fondé que l'année suivante.

et l'étudiant put suivre en paix, désormais, la carrière commencée.

Deux ans lui suffirent pour parcourir le cercle entier des études classiques, sans que cette hâte excessive nuisît en rien à la solidité de son instruction. Ses talents naturels et son travail opiniâtre avaient triomphé de tous les obstacles.

Le grand séminaire s'ouvrit bientôt devant lui. La maturité de son esprit et sa piété le firent aussitôt remarquer de ses supérieurs et il fut promu, dès la première année, au sous-diaconat (1). L'année suivante, 1782, le siège de Châlons étant vacant (2), il alla recevoir à Verdun le diaconat (3). Enfin le 19 avril 1783, le Samedi-Saint, il fut ordonné prêtre par Mgr de Clermont-Tonnerre, dans la chapelle des Dames-Régentes. Le lendemain, jour de Pâques, M. Musart eut le bonheur de célébrer

(1) 22 décembre 1781.

(2) Mgr de Juigné venait d'être transféré à l'archevêché de Paris.

(3) 25 mai 1782.

sa première messe dans cette chapelle du Collège où il avait tant prié pendant deux ans.

Chose étrange ! Pendant cette première messe le désir éprouvé dès l'enfance, ressenti mainte fois pendant les années de la jeunesse, se représenta plus vivement que jamais à son esprit. Il souhaita ardemment de répandre un jour son sang pour Jésus-Christ. Ce désir du martyre, il en a fait plus d'une fois l'aveu, prit dès ce moment, chez lui, une intensité singulière, qui ne devait point cesser de s'accroître jusqu'au jour où il lui serait donné enfin de le satisfaire et de consommer son sanglant sacrifice.

II.

VIE PASTORALE.

M. Musart à N.-D. de l'Epine. — Il est nommé curé de Somme-Vesle. — Règlement de vie. — Anecdotes. — Charité pour les pauvres. — Simplicité. — Efforts pour rétablir la sanctification du dimanche. — Confréries de la Sainte Vierge et du Saint Sacrement. — M. Musart fonde une école gratuite pour les filles à Somme-Vesle. — Projets de bienfaisance,

La deuxième édition de l'ouvrage du P. Loriquet porte ce titre : *Le Modèle des pasteurs, ou Vie de M. Musart*. Ce titre conviendrait particulièrement à ce chapitre où nous nous proposons de parler de la manière édifiante dont M. Musart exerça le saint ministère dans ses paroisses de Somme-Vesle et de Poix. Ce n'est pas un tableau imaginaire que nous allons tracer, et fait d'après un idéal convenu ; c'est un tableau dont tous les traits sont empruntés aux témoignages contemporains.

Après son ordination à la prêtrise, M. Musart fut envoyé d'abord à Notre-Dame de l'Epine en qualité de desservant (1). Il ne devait y rester que quelques mois. Le curé de Somme-Vesle, M. Tyronneau, se trouvant en désaccord avec ses paroissiens au sujet du presbytère dont il demandait la reconstruction, résigna son bénéfice. Mgr de Clermont-Tonnerre songea à M. Musart pour ce poste que les circonstances rendaient difficile. En vain le jeune prêtre s'en défendit, alléguant qu'il était enfant du pays, et que personne, selon le proverbe, n'est prophète chez soi (2) ; « Eh bien ! répondit le prélat, vous démentirez le proverbe. » M. Musart obéit

(1) On lit au registre paroissial de Somme-Vesle, à la date du 17 juin 1783 :

« N... a été baptisé par moi, Nicolas Musart, « prêtre desservant de la paroisse de Notre-Dame « de l'Epine. »

(2) *Non est propheta sine honore, nisi in patriâ suâ.* Matth. XIII, 57.

et devint curé de Somme-Vesle et de Poix, son annexe.

L'accueil plein de respect et d'affection qu'il trouva dans ces deux paroisses calma bientôt les craintes qu'il avait conçues d'abord. Le souvenir qu'on y avait conservé de sa jeunesse pieuse et sévère lui avait préparé les voies ; de son côté, il entra dans l'exercice de ses fonctions avec une ardeur et un zèle qui ne devaient jamais se ralentir.

M. Musart s'était tracé, dès le premier jour, un règlement de vie, chose nécessaire à quiconque veut faire du temps un bon emploi. Il savait combien il est facile, avec la meilleure volonté du monde, de se laisser aller au caprice du moment et de gaspiller des heures précieuses. Aussi avait-il pris soin de déterminer à l'avance les occupations ordinaires de sa journée.

Levé à cinq heures en tout temps, il faisait oraison jusqu'à la messe, qui était toujours suivie d'une heure d'action de grâces. Dans l'après-dîner il allait à l'église pour faire sa-

visite au Saint-Sacrement et réciter les vêpres ; Il y retournait encore vers le soir. Le reste de la journée, sauf le temps consacré à ses courts repas et à la visite des malades, était employé à l'étude. M. Musart la prolongeait jusqu'à onze heures et même jusqu'à minuit. A ceux qui s'étonnaient de cette assiduité au travail, il répondait qu' « un pasteur établi par Dieu pour être la lumière des peuples, n'a pas trop de tout son temps pour se bien pénétrer lui-même des vérités qu'il est chargé d'enseigner et de faire goûter aux autres. »

Cet amour de l'étude et ses habitudes de régularité le retenaient dans son presbytère. Aussi les visites aux confrères voisins étaient-elles réduites à ce que demandait ou la nécessité ou la bienséance. Il avait même obtenu qu'on lui permît de n'arriver pour les conférences qu'au milieu du repas, et de quitter la réunion aussitôt que les discussions étaient terminées.

Autant d'ailleurs il était avare de son temps quand le plaisir seul le sollicitait, autant il en était prodigue quand l'intérêt de ses paroissiens était en jeu. Rien ne lui coûtait alors, ni la longueur des voyages, ni la fréquence des visites, ni les dérangements de jour et de nuit. Aussi la sympathie qu'il avait trouvée au début n'avait-elle pas tardé à s'accroître. Il eut bientôt une preuve de l'affection que lui portaient ses paroissiens.

Un soir d'hiver, en 1783, il est appelé à Poix auprès d'un malade. Au retour, il s'égare dans les champs couverts de neige, et, après avoir erré plusieurs heures, arrive, au-delà de sa paroisse, à Saint-Julien-de-Courtisols.

Les hommes du village, ne le voyant point revenir, se mettent, sous la conduite du seigneur de Somme-Vesle, à sa recherche. M. Musart, apprenant ce qu'ont fait ses paroissiens, se remet en marche, malgré le froid et la nuit, et arrive au presbytère à deux heures du matin. La cloche rappelle les hommes dispersés dans la campagne, et le pasteur ému les remercie avec effusion.

La charité de M. Musart pour les pauvres, nombreux alors dans les deux paroisses, contribuait aussi à lui attirer la reconnaissance de tous. La modicité de ses revenus ne lui permettait pas de les secourir comme il l'aurait voulu, mais il s'ingéniait pour leur venir en aide. Il lui arrivait souvent de renoncer pour eux à son modeste repas et de leur envoyer ce qu'on lui avait préparé, se contentant pour lui-même d'un fruit et d'un morceau de pain. Il faisait plus : il se privait habituellement de vin pour épargner quelque argent et faire des bonnes œuvres.

C'était également pour pouvoir faire plus largement l'aumône, que M. Musart ne voulut jamais aucune superfluité dans son ameublement. Au luxe de sa maison, il préférait celui de l'église. Il sacrifia à l'embellissement de celles de Somme-Vesle et de Poix des sommes considérables.

Pauvre dans son ameublement, il était simple dans ses vêtements, et ne voulait rien porter sur lui qui sentît la recherche. Un ecclésiastique de ses amis était parvenu, à force d'instances, à lui faire acheter une montre. M. Musart se reprocha bientôt cette acquisition comme une superfluité ; il fit vendre la montre et en distribua le prix aux pauvres. « A Dieu ne plaise, disait-il à cette occasion, que je recherche des commodités imaginaires, quand les malheureux ont des besoins si réels et si pressants. »

Il voulait même que cette simplicité régnât autour de lui. Sa jeune sœur, qui le servait, tenta un jour de s'en écarter. Cédant à un sentiment de coquetterie assez ordinaire à son âge, elle s'était acheté à la ville une parure élégante. C'était une nouveauté dans le village ; toutes les jeunes filles pouvaient s'autoriser de cet exemple, si M. Musart laissait faire. Il protesta, et, malgré toutes les supplications, la parure nouvelle ne vit point le jour.

Ces vertus privées devaient aider singulièrement M. Musart dans la réforme qu'il avait entreprise de ses deux paroisses. Elles inspiraient à la plupart un profond respect pour sa personne, et donnaient plus d'autorité à sa parole.

Le grand point sur lequel il eut à concentrer

les efforts de son zèle, fut la sanctification du dimanche. Le jour du Seigneur était mal observé. L'église était peu fréquentée ; un grand nombre d'habitants se livraient publiquement aux travaux des champs ; l'après-midi était consacrée à des jeux profanes et à l'intempérance. Le mal datait de loin et avait jeté de profondes racines, malgré les efforts des prédécesseurs de M. Musart. Le zélé pasteur se mit résolument à l'œuvre. Par la persuasion, par l'insistance qu'il mit à les rappeler à leur devoir, il ramena le plus grand nombre de ses paroissiens. Plusieurs néanmoins s'obstinaient à enfreindre la loi de l'Eglise. M. Musart obtint du seigneur de Somme-Vesle qu'on appliquerait désormais les règlements de police. Peu à peu tout rentra dans l'ordre.

Mais le seigneur, qui avait consenti à rappeler aux autres la loi, n'entendait point s'y soumettre lui-même. Il continuait à faire travailler ses gens, au grand scandale des deux paroisses. M. Musart comprit que tous ses efforts étaient vains, et que les résultats obtenus ne pouvaient

durer, si cet état de choses persistait. Il se
plaignit plusieurs fois, mais inutilement. Il
prit alors le parti d'agir, et somma la justice
seigneuriale de sévir contre les gens même du
seigneur. Celui-ci eut le bon goût de reconnaître enfin ses torts. L'énergie du curé jointe
à sa douceur avaient forcé son admiration.
Il lui en témoigna plus d'estime, et ne cessa de
lui marquer, en toute occasion, beaucoup de con-
sidération.

Cependant un grand obstacle s'opposait
encore à la complète sanctification du dimanche,
c'était l'usage des danses auxquelles se livrait
la jeunesse et qu'on avait pris l'habitude de
prolonger fort avant dans la nuit. Les curés
précédents n'avaient rien pu contre ce désordre.
Toutefois l'inutilité de leurs efforts avait servi
à éclairer le nouveau pasteur, et à lui faire
adopter une tactique différente. Il ne s'éleva
point en chaire contre l'abus de la danse, mais
il s'attacha à gagner en secret les jeunes
personnes qu'il trouvait plus disposées à goûter
ses conseils.

Celles qui l'avaient compris se retirèrent peu à peu ; leur exemple en entraîna d'autres, et l'année n'était pas écoulée que les danses se trouvaient complètement abandonnées.

M. Musart songea alors à fournir à ces jeunes esprits quelque objet propre à leur tenir lieu du divertissement si généreusement sacrifié. Il le trouva dans les associations pieuses et les confréries. Une confrérie de la Sainte-Vierge réunit les jeunes filles qui voulaient mener une vie plus chrétienne. L'idée de cette association était fort simple et à la portée de tous. Il ne s'agissait, pour celles qui s'y engageaient, que de s'appliquer avec plus de soin aux devoirs de leur âge et de leur état, au respect des parents, au travail, et de renoncer aux vaines parures. Le moyen qui devait les aider à l'accomplissement de ces obligations de la vie ordinaire était la communion. Elle fut permise d'abord tous les quinze jours, et bientôt plusieurs demandèrent la faveur de s'approcher de la Sainte Table tous les dimanches.

Pour les jeunes gens et les hommes,

M. Musart établit une association analogue sous le nom de confrérie du Saint-Sacrement.

On se rappelle que la dévotion à la sainte Eucharistie avait été la dévotion préférée de sa jeunesse : il voulait étendre aux autres les bienfaits qu'elle lui avait valus. Son attente ne fut pas trompée, et, grâce à ces deux associations, la régénération chrétienne des deux paroisses fit de sensibles progrès.

L'attention de **M.** Musart se porta aussi sur l'éducation des enfants. Les deux villages n'avaient que des écoles mixtes où garçons et filles recevaient en commun la première instruction. M. Musart entreprit de les doter chacun d'une école gratuite de filles. Il commença par Somme-Vesle et proposa de faire bâtir à ses frais, sur un terrain dépendant de la cure, une maison où il s'engageait à entretenir à perpétuité, par lui ou ses héritiers, une maîtresse d'école.

L'offre fut acceptée par les habitants en présence du délégué de l'assemblée du département, le 2 mai 1790 (1). Mais déjà la Révolution était commencée ; à des signes non équivoques on prévoyait que la religion catholique ne serait pas toujours respectée. Le donateur crut devoir prendre, en vue des événements de l'avenir, une sage précaution. Au bas du procès-verbal d'acceptation par la communauté, il écrivit de sa main les lignes suivantes : « Mon intention est que si cette maison ne sert pas à loger une sœur d'école catholique, on en dispose en faveur des pauvres catholiques, et surtout des confrères du Saint-Sacrement. Elle est à Dieu et à moi ; on ne peut en disposer contre ma volonté sans se rendre coupable devant Dieu et devant les hommes. Et mon intention et dernière volonté est telle que je viens de l'exprimer. »

« MUSART, *curé de Somme-Vesle.* »

Une jeune fille de Somme-Vesle, pieuse et dévouée, Mlle Huet, s'était préparée à l'enseigne-

(1) Voir aux Pièces justificatives, n° 1, l'acte d'acceptation par la Communauté.

ment auprès des Dames-Régentes de Châlons, auxquelles elle s'était affiliée. Elle ouvrit à Somme-Vesle les classes gratuites.

M. Musart aurait voulu faire à Poix ce qu'il venait d'exécuter dans sa paroisse. L'œuvre même fut commencée ; mais l'esprit révolutionnaire avait déjà pénétré parmi les habitants. La communauté consultée, comme c'était l'usage, refusa l'offre qui lui était faite. La marche rapide des événements ne permit pas de revenir sur cette décision.

Les premiers troubles occasionnés par la Révolution empêchèrent aussi la réalisation d'un autre projet non moins utile. Somme-Vesle et Poix comptaient beaucoup de familles indigentes, dont les enfants, les filles surtout, étaient obligés d'aller chercher au dehors un emploi et le pain de chaque jour. Pour remédier à cet état de choses, M. Musart se proposait de construire, toujours à ses frais, un atelier où les jeunes filles, sous la conduite de personnes pieuses, trouveraient une occupation suivie et proportionnée à leurs forces. Ce n'était qu'au

prix de continuelles privations que le zélé pasteur pouvait suffire à de si lourdes charges ;
mais l'espoir de faire du bien et de conserver
des âmes à Dieu lui rendait tout facile. Une
pareille institution était certainement appelée
à rendre au pays de grands services ; mais la
tempête allait tout emporter, l'homme et ses
œuvres.

III.

LES COMMENCEMENTS DE LA RÉVOLUTION.

Une ère d'épreuves s'ouvrit pour le clergé de France avec la Révolution de 1789. L'Assemblée Constituante, après avoir renversé l'ancien ordre politique et social, ne tarda pas à s'en prendre à l'Eglise. On commença par supprimer les dîmes (4 août 1789), puis l'on mit les biens ecclésiastiques à la disposition de la Nation (2 nov.). Ces mesures ne s'attaquaient qu'au temporel du clergé, mais elles n'étaient que le prélude de mesures beaucoup plus graves qui devaient atteindre sa conscience et fournir un prétexte à de lamentables persécutions.

Le 12 juillet 1790, l'Assemblée vota la *Constitution civile du Clergé*. S'arrogeant les droits de la puissance spirituelle, elle modifiait profondément l'organisation de l'Eglise de France, et, méconnaissant les principes essentiels de la hiérarchie, elle la séparait de Rome. Il n'y aurait plus qu'un évêché par département, ce qui amenait la suppression de soixante-deux sièges anciens et la création de neuf sièges nouveaux. Les évêques et les curés seraient élus par le peuple ; les curés tiendraient leurs pouvoirs de l'évêque ; l'évêque recevrait les siens du métropolitain, et serait seulement tenu d'écrire au Pape pour lui annoncer qu'il était en communion avec lui. Le métropolitain, à son tour, serait investi par le seul fait de son élection. Telles étaient les principales dispositions de cet acte fameux qui détachait la France du centre de l'unité catholique et la mettait en état de schisme avec le Saint-Siège.

La Constitution civile du clergé fut sanctionnée par le roi le 26 décembre. L'assemblée exigea alors que tous les évêques et curés prêtassent serment. La cérémonie devait avoir lieu, pour les curés, dans le courant du mois de janvier 1791. Ceux qui refuseraient de jurer seraient déchus de leurs fonctions et remplacés.

M. Musart avait compris dès le premier moment la portée de l'acte qu'on lui demandait, aussi ne voulait-il jurer qu'en entourant son serment d'explications et de restrictions qui sauvegarderaient les droits de la conscience.

Le dimanche 30 janvier 1791, après la messe, en présence de tous ses paroissiens réunis, il prononça son serment dans les termes suivants (1) :

« Disciple et ministre d'un Dieu obéissant
« jusqu'à la mort, mon bonheur et ma gloire
« seront de marcher sur ses traces dans tout ce
« qui ne serait pas contraire à ses hautes

____

(1) Arch. de la Marne, série L. La copie porte en tête ces mots : Extrait du greffe de la municipalité de Somme-Vesle.

« maximes, car jamais je n'oublierai que si les
« lois des hommes se trouvent en contradiction
« avec celles de Dieu, alors il faut plutôt obéir à
« Dieu qu'aux hommes. Le premier devoir de
« l'homme c'est d'adorer son Dieu ; le second,
« de servir sa patrie et de lui être fidèle.

« Le 14 juillet (1790) j'ai donné l'exemple
« de la soumission à la loi ; j'ai été le
« premier à vous engager au serment fédé-
« ratif, et vous savez avec quel zèle et quelle
« fidélité j'ai rempli ces engagements. Au-
« jourd'hui je viens le renouveler et vous
« donner une nouvelle preuve de mon dévoue-
« ment au bonheur de ma patrie. D'après les
« principes énoncés dans l'Instruction sur la
« Constitution civile du Clergé du 21 janvier
« 1791, l'Assemblée nationale, en annonçant
« son respect et son attachement à la religion
« catholique, reconnaît que la doctrine et la foi
« catholique ont leur fondement dans une
« autorité supérieure à celle des hommes ;
« qu'il n'est pas en son pouvoir de porter la
« main ni d'attenter à cette autorité spirituelle.

« Il suit de là que le serment exigé ne peut
« porter que sur des objets purement tempo-
« rels ; *dans ce sens*, je promets et je jure de
« donner tous mes soins et toute mon applica -
« tion aux fidèles qui me sont confiés ; d'être
« fidèle à la nation, à la loi et au roi ; de sou-
« tenir de tout mon pouvoir la Constitution
« décrétée par l'Assemblée nationale et accep-
« tée par le Roi.

« Tel est l'engagement que je prends
« aujourd'hui. Dieu m'est témoin de la sincérité
« de mes promesses, et, de quelque manière
« que je puisse être traité, je n'en serai pas
« moins fidèle à ma patrie, je n'en aurai pas
« moins d'ardeur et de zèle pour son bonheur.
« Mille fois je sacrifierais ma vie pour lui
« marquer ma fidélité comme pour prouver
« mon attachement à la religion de mes
« pères. »

Ce langage était plein de dignité et de
noblesse. M. Musart y témoignait de sa défé-
rence pour l'autorité et de sa soumission aux lois
de son pays, mais réservait les droits sacrés de

l'Eglise et de la conscience. La fin de cette pièce fait assez voir qu'il ne se faisait pas d'illusion sur le sort qui l'attendait. En effet, un décret du 4 janvier précédent avait formellement interdit toute explication ou restriction, et avait d'avance frappé de nullité les serments qui ne seraient point prêtés purement et simplement. M. Musart fut donc considéré comme *réfractaire* et déclaré déchu de son titre de curé de Somme-Vesle.

On pouvait cependant encore prêter serment, et la loi du 18 mars prorogea le délai accordé jusqu'au jour même des élections. Les procureurs syndics des districts mirent tout en œuvre, pendant cet intervalle, pour obtenir l'adhésion des réfractaires. Ils s'attirèrent des réponses qui mériteraient d'être écrites en lettres d'or dans les annales du clergé châlonnais. « Puisqu'il faut choisir, disait à l'un d'eux M. Féry, curé de Vauchamps, je choisis plutôt les tourments de la faim, que les remords déchirants de la conscience. J'aime mieux mourir innocent que de vivre coupable. »

A toutes les sollicitations, M. Musart opposa une résistance invincible, aussi fut-il pourvu, le 6 juin, à son remplacement. Les électeurs réunis à Châlons (1) nommèrent curé de Somme-Vesle et de Poix un ancien chartreux, M. Mellier.

Mellier refusa la place qui lui était offerte. Un religieux mendiant, du nom de Charpins, qui fut nommé ensuite, refusa également (2). M. Musart continua donc à exercer son ministère. Il employa le temps que lui laissait la Providence à éclairer les esprits et à fortifier les cœurs. Bon nombre de ses paroissiens de Somme-Vesle répondirent à ses efforts, mais les

(1) Les électeurs du district de Châlons, au nombre de soixante-trois, étaient réunis dans la grande salle du collège.

(2) Charpins figure sur une liste des curés constitutionnels du district dressée le 2 septembre 1791 ; mais, à la date du 16 octobre suivant, la cure est dite vacante. Arch. de la Marne, série L. Charpins n'a d'ailleurs signé aucun acte à Somme-Vesle.

épreuves ne lui furent point ménagées d'autre part.

La paroisse de Poix entra bientôt dans la voie des tracasseries et des mauvais traitements. Les esprits s'y étaient toujours montrés, en général, moins bien disposés qu'à Somme-Vesle, et les germes révolutionnaires avaient trouvé là un terrain favorable où ils s'étaient rapidement développés. Dès le mois de juillet 1791, un certain nombre d'habitants s'entendirent pour refuser à leur curé l'entrée de l'église. C'était aller contre la loi qui reconnaissait aux prêtres insermentés le droit de dire la messe dans les églises paroissiales et autres.

M. Musart obtint, en conséquence, de l'administration du département, l'autorisation de dire la messe à Poix. On n'y voulut point consentir. Le dimanche suivant, M. Musart trouva, à l'entrée du village, une partie de la population qui lui barrait le chemin. Vainement il montre l'ordre écrit du département : on l'entoure, on l'insulte, on lui prodigue les épithètes les plus outrageantes. Le calme du saint prêtre redouble la fureur de ces insensés, et une femme s'oublie jusqu'à lui donner un soufflet.

Non loin se trouve une de ces *perrières* dont nous avons déjà parlé (1). On le menace de l'y jeter. « Je sais souffrir, répond-il ; et quoi que vous fassiez, vous trouverez toujours en moi un père prêt à se sacrifier pour votre bonheur. » Ces douces paroles suffirent pour exaspérer ces forcenés. Les plus violents ont mis la main sur le prêtre : « Je ne me ferai pas traîner », leur dit-il, et il s'avance, intrépide et résolu, jusqu'au bord du précipice. On n'osa aller plus loin. L'heure du martyre n'était pas arrivée. Tant de courage et un pareil mépris de la mort imposent à la foule ; elle s'écarte et le laisse passer.

M. Musart ne crut pas devoir retourner à Poix. Les gens du village s'adressèrent alors à l'évêque constitutionnel, Nicolas Diot, et lui demandèrent un curé. M. Soleau, vicaire épiscopal, pria M. Ponsin, curé intrus de Moivre,

(1) En patois du pays : *Épeautras.*

paroisse voisine, de desservir Poix, ce que celui-ci accepta (1).

Cependant il y avait à Poix des catholiques que l'exemple de leur curé persécuté affermissait dans la foi et qui refusaient de communiquer avec l'intrus. Les ennemis de M. Musart s'en prirent à lui d'une résistance qu'ils ne pouvaient briser, et l'on vit bientôt jusqu'où pouvait aller leur haine. Le 8 décembre, fête de l'Immaculée-Conception, ils brûlèrent leur curé en effigie, sur la place publique, au milieu des danses et des chants. M. Musart l'apprenant se contenta de dire : « Je voudrais seulement avoir « enduré sur mon corps ce qu'ils m'ont fait « souffrir en effigie ; heureux si à ce prix je « pouvais les ramener à Dieu ! »

Deux mois plus tard, dans les premiers jours de février 1792, les mêmes personnes se ren-

(1) Ponsin le jeune, ex-augustin ; son frère aîné, aussi ex-augustin, était curé intrus de Chepy. — La dernière signature de M. Musart au registre de Poix est de la fin d'août 1791.

dirent en nombre et armées à Somme-Vesle. Quelques mauvais garnements de ce village se joignent à eux ; d'autres les suivent par peur. La troupe se présente tumultueusement au presbytère et demande le curé. Le curé est à Saint-Julien de Courtisols. Quatre hommes partent aussitôt pour l'aller prendre et le ramener. Mais les gens de Saint-Julien tiennent tête à ces furieux et les obligent à s'en retourner comme ils étaient venus. M. Musart dut son salut à l'énergie de ses hôtes. Entre temps, en effet, la bande restée à Somme-Vesle saccageait le presbytère, jetait les meubles dans la rue et s'en allait emportant la clef. M. Musart se retira chez sa mère.

Malgré le danger, il ne songeait pas à abandonner son poste. Aucun intrus n'était encore venu à Somme-Vesle, et le pasteur voulait profiter jusqu'au bout de cette situation exceptionnelle. Mais bientôt sa chère paroisse elle-même allait entrer dans la voie des persécutions. Un dimanche, vers la fin de février 1792, M. Musart se présentant à l'église pour dire la messe, y trouva une partie des habitants qui lui en refusèrent l'entrée. Ils lui déclarèrent en même temps qu'on avait été chercher un curé constitutionnel. En effet, M. Louis, l'intrus de Tilloy (1), était là, prêt à prendre la place du légitime pasteur. Pourtant la vertu bien connue de M. Musart l'intimide : il est venu, dit-il, pour rendre service, croyant à l'absence du curé ; il demande seulement la permission de dire la messe, et se retirera aussitôt. M. Musart lui refuse cette permission, et l'intrus se retire ; mais c'était pour revenir le dimanche suivant, et pour s'emparer cette fois de l'église. M. Musart n'obtint qu'à grand peine d'y dire la messe ; encore cette permission devait-elle lui être retirée bientôt (2).

(1) M. Couvreux, curé de Tilloy, avait juré, puis s'était rétracté. Il avait été remplacé par M. Louis, prêtre assermenté, qu'il ne faut pas confondre avec M. Louis, curé d'Œuvy, insermenté, lequel devint après la Révolution, curé de Notre-Dame de Châlons.

(2) Le dernier acte signé : Musart, au registre de

Alors commença pour les fidèles des deux paroisses une véritable persécution. Tracasseries de toute sorte, injures, mauvais traitements, rien ne leur fut épargné. A Somme-Vesle on les empêchait d'assister à la messe de M. Musart, et on les traînait de force à celle de l'intrus. Plusieurs furent battus cruellement. Un homme perdit un œil par suite des coups qu'il avait reçus. Au milieu de ces incroyables excès, pas un ne défaillit ; l'exemple du pasteur soutenait les plus faibles. Tous auraient joyeusement versé leur sang pour confesser la foi.

M. Musart, de son côté, s'attendait aux derniers outrages. Le jour de Pâques (8 avril) on lui défendit de dire la messe, et on le chassa brutalement de l'église.

Un plus long séjour à Somme-Vesle devenait impossible. Il ne pouvait même qu'attirer aux catholiques des deux paroisses de nouveaux ennuis. M. Musart se retira à Châlons vers le

Somme-Vesle, est du 14 février 1792 ; le premier signé : Louis, est du 28 février.

milieu du mois d'avril 1792 (1). Il songea
d'abord à émigrer, et se fit délivrer, à la date
du 16 avril, un passeport pour l'Allemagne.
Il resta néanmoins, avec l'espoir de rendre
encore à ses paroissiens quelques services.
De temps en temps, en effet, il retournait à
Somme-Vesle pour donner en secret, aux âmes
restées fidèles, les secours de son ministère (2).
Ces excursions n'étaient pas sans danger, et on
exhortait le zélé pasteur à ne pas s'exposer au
ressentiment de ses ennemis : « Il faut, répon-
« dait-il, obéir à Dieu plutôt qu'aux hommes.
« Mon état me fait un devoir, dans ces temps
« malheureux, de secourir les personnes qui me

(1) M. Musart demeura, à Châlons, chez sa cousine,
Mlle Frémin, dans la maison qui touche au pres-
bytère actuel de Saint-Loup, au n° 16 de la rue
Parmentier.

(2) Le 7 août 1792, les municipalités de Somme-
Vesle et Poix demandèrent à l'évêque Diot M. Delabaume pour curé constitutionnel. Cet intrus resta
à Somme-Vesle du mois de novembre 1792 au mois
de janvier 1794.

« sont restées attachées. Je le ferai, *dût-il m'en*
« *coûter la vie.* »

C'est vers ce temps qu'un administrateur du
département le pressant de prêter le serment
constitutionnel, lui demandait s'il aspirait, par
hasard, à la gloire du martyre ? « Je n'en serai
pas digne », répondit M. Musart. La Providence
en jugeait autrement.

Cependant les événements se précipitaient,
et la situation des *réfractaires* devenait de plus
en plus difficile. Le 6 avril, l'Assemblée légis-
lative avait prohibé le port du costume ecclésiastique. Le 26 mai, elle rend son premier
décret de proscription que le roi refuse de sanc-
tionner. Viennent alors les insurrections du 20
juin et du 10 août. Le roi est déchu ; il ne
refusera plus sa sanction : aussitôt le décret du
26 août est rendu. Son premier article était
ainsi conçu : « Tous les ecclésiastiques qui, étant
assujettis au serment prescrit par la loi du 26
décembre 1790 et celle du 17 avril 1791, ne l'ont
pas prêté, ou qui, après l'avoir prêté, l'ont
rétracté, et ont persisté dans leur rétractation,

seront tenus de sortir sous huit jours des limites
du district et du département de leur résidence,
et, dans la quinzaine, hors du royaume. » Ceux
qui resteraient seraient déportés à la Guyane.
Ceux qui rentreraient en France après en être
sortis seraient punis de dix ans de détention.
Cette peine devait être remplacée, l'année suivante, par la peine de mort.

Il fallait donc se résoudre à l'exil. Les dernières hésitations allaient d'ailleurs disparaître
à la nouvelle des massacres de septembre. Le
sol de la patrie rejetait ses meilleurs enfants.
Toutefois M. Musart ne voulut point partir sans
avoir vu encore une fois ses chers paroissiens.
Il en réunit plusieurs à Châlons, les entretint
longuement et leur recommanda de rester fidèles
à la religion. Puis il leur mit par écrit les avis
qu'il croyait les meilleurs pour les fortifier et
les aider à se diriger pendant son absence. Les
fidèles auxquels ces avis étaient adressés en
firent aussitôt de nombreuses copies. L'une de
ces copies a été retrouvée à Somme-Vesle ;
nous la donnons en partie : rien ne peut mieux

faire connaître M. Musart que ces pages empruntées presque tout entières à la Sainte-Ecriture, où se révèlent l'amour du père, le zèle du pasteur et le courage du martyr (1).

« Déjà séparé de vous depuis près de six
« mois, nous nous trouvons obligé par les cir-
« constances de nous éloigner encore davan-
« tage et d'abandonner non-seulement deux
« paroisses et des paroissiens chéris, mais
« encore notre chère patrie, pour aller dans
« une terre qui nous est étrangère. Si la
« première séparation nous a été pénible et
« amère, jugez combien celle-ci le doit être
« davantage. Hélas ! notre cœur pourra-t-il
« suffire aux regrets de cette séparation, aux
« regrets dont il se sent percé et déchiré? C'est
« surtout en ce moment que nous sentons com-
« bien nous vous aimons ardemment en Jésus-
« Christ.

(1) Cette copie porte au bas de la quatrième page ces mots : « *Avis du pasteur des catholiques de Somme-Vesle et Poix, qui est mort martyr.* »

« Oui, mes chers paroissiens, ma bouche s'ou-
« vre et mon cœur s'étend par l'affection que
« je vous porte. Nos entrailles ne sont point
« resserrées pour vous, les vôtres le seraient-
« elles pour nous (1) ? Séparé de corps, notre
« esprit est toujours au milieu de vous. Nous
« vous portons profondément gravés dans notre
« cœur. Que ma main droite s'oublie elle-
« même, que ma langue demeure attachée à
« mon palais, si jamais je cesse de travailler
« à votre salut et de partager vos veilles, vos
« soupirs, vos larmes et vos sacrifices. Nous
« sommes persécuté, mais c'est pour la cause
« de Dieu et de la religion. Faut-il vivre pour
« le salut de notre troupeau ? Nous ne refusons
« pas le travail. Faut-il mourir ? Nous sommes
« prêt, et mille et mille morts n'ont rien qui
« nous effraie si le salut de nos brebis chéries
« doit en être le prix. Un pasteur tenant dans

(1) Paroles de saint Paul aux Corinthiens, II Cor.
VI, 11 et 12. Toute la lettre s'inspire particulièrement de ce chapitre.

« ses mains et portant dans son cœur l'Evan-
« gile de Jésus-Christ peut bien être chassé,
« persécuté, mis à mort, mais il ne pourra être
« vaincu.

« Aimez-vous les uns les autres comme Jésus-
« Christ vous aime, et comme nous vous
« aimons nous-même en Jésus-Christ. N'ayez
« tous ensemble qu'un cœur et qu'une âme.
« Soyez toujours pleins de douceur et d'humi-
« lité. Après notre départ, les ennemis de la
« religion se réuniront peut-être encore da-
« vantage contre vous pour ébranler votre foi
« et vous entraîner dans le schisme ; mais vous
« demeurerez fermes et inébranlables. Obéissez
« à la voix de l'Eglise votre mère, qui vous
« défend d'avoir aucune communication avec
« les *intrus* et autres prêtres rebelles à ses
« lois (1). Plutôt mille morts que de désobéir

(1) « Gardez-vous bien surtout d'avoir aucune
communication quelconque, principalement en matière de religion, avec les intrus, de quelque nom
qu'on les appelle » Bref du pape Pie VI. du 19

« ainsi à Jésus-Christ qui vous parle par la
« bouche de l'Eglise votre mère.

« Ah ! quel déchirement de cœur nous éprou-
« verions, quelle douleur nous ressentirions si
« jamais nous apprenions que quelqu'une de
« nos brebis fidèles est venue à succomber et a
« donné dans le schisme ! Mais nous osons
« espérer qu'un pareil malheur n'arrivera à
« aucune. Bien plutôt nous aurons la consola-
« tion d'en voir de celles qui ont eu le malheur
« de s'égarer, rentrer dans le bercail de Jésus-
« Christ, dans le sein de l'Eglise leur mère. »

M. Musart s'adressait ensuite aux jeunes
filles de la Congrégation et les adjurait de
prendre intérêt aux épreuves de l'Eglise, de
prier pour elle, de donner bon exemple, surtout
pour ramener à Dieu les égarés. Il terminait
par la promesse d'un prompt retour. « Vous le
« désirez ardemment, ce retour ; si le Seigneur

mars 1792, publié pour le diocèse de Châlons par
ordonnance de Mgr de Clermont-Tonnerre, donnée
à Bruxelles le 1ᵉʳ mai de la même année.

« nous conserve la vie, il ne tardera pas à être
« effectué. Plus vous montrerez de zèle et de
« fermeté dans la foi, plus l'union entre les
« catholiques sera parfaite, plus vous mériterez
« d'obtenir du Seigneur qu'il vous rende votre
« pasteur.

« En butte aux haines, aux calomnies, aux
« persécutions, n'augmentez pas vos maux par
« des plaintes inutiles ; ce serait imiter les
« impies qui souffrent sans consolation et sans
« espérance. »

Après avoir remis à ses chers paroissiens
cette sorte de *testament spirituel*, et les avoir
prémunis contre les dangers à venir, M. Musart
se prépara au départ. Les circonstances étaient
critiques. Le bruit des massacres de Paris se
répandait rapidement dans les provinces, et en
maint endroit le sang coulait. A Reims, sept
victimes, trois laïques et quatre prêtres, avaient
été massacrées dans la journée du 3 septembre.
A Châlons, le même jour, un vieillard de
quatre-vingts ans, M. Chanlaire, avait été
odieusement assommé par la populace. Les

prêtres n'osaient se montrer dans les rues (1).
M. Musart demanda son passe-port le 4 septembre dans la matinée (2), et partit pour

(1) M. Camuset, ancien aumônier de l'Hôtel-Dieu, écrit : « Le danger que les ecclésiastiques rencontrent dans les rues ne nous permet pas de nous transporter nous-mêmes au district. » (3 septembre 1792.)

(2) Voici cette pièce, tirée du *Registre des passeports délivrés en septembre 1792, en exécution de la loi du 26 août* : « Aujourd'hui 4 septembre 1792, l'an 4ᵐᵉ de la liberté, et la 1ʳᵉ de l'égalité, heure de onze au matin, s'est présenté en personne au Directoire du district de Châlons, département de la Marne, le sieur Nicolas Musart, prêtre, ancien curé de Somme-Vesle, lequel a déclaré que, pour satisfaire à la loi du 26 août 1792, relative aux ecclésiastiques qui n'ont pas prêté le serment prescrit par les lois des 26 décembre 1790 et 17 avril 1791, son intention était de se retirer dans le délai de quinzaine hors de l'empire français pour se rendre à Spire, en Allemagne. En conséquence, nous lui avons délivré le passeport qui suit contenant sa déclaration et son signalement, et nous lui avons indiqué de tenir la route de Châlons à Vitry, Saint-Dizier, Bar-le-

l'Allemagne avec trois confrères. Quarante-sept prêtres, presque tous du district de Châlons, quittèrent en même temps la ville pour se diriger, quelques-uns vers l'Allemagne ou la Suisse, la plupart vers les Pays-Bas et surtout vers Liège.

Duc, Saint-Miel (sic), Pont-à-Mousson, Sarreguemines, Deux-Ponts, Landau et Spire.

Laissez passer M. Nicolas Musart, prêtre, pour aller à Spire, âgé de 38 ans, taille de 5 pieds 3 pouces, cheveux et sourcils châtains, yeux gris, nez long et aquilin, bouche moyenne, menton rond, front élevé, visage un peu allongé. Prêtez-lui aide et assistance en cas de besoin.

Et attendu que ledit sieur Musart jouit d'une pension annuelle et viagère de 500 livres (comme curé démissionnaire), il ne lui a été accordé aucun secours pour frais de route, et a signé avec nous.

IV.

LES TROIS ANNÉES D'EXIL.

(4 septembre 1792. — 31 juillet 1795.)

Le départ pour l'Allemagne. — M. Musart à Neustadt, à Trèves. — Séjour à Bruxelles, — à Gheel, — à Moll, — à Gemert, — à Emmerich. — Arrivée à Erfurt. — Les émigrés et les déportés à Erfurt. — Départ d'Erfurt. — Rentrée en France, — à Somme-Vesle.

La loi du 26 août chassait de France des milliers de prêtres à la fois. Obligés de suivre en grand nombre les mêmes routes, les *réfractaires* ne pouvaient passer inaperçus, et beaucoup d'entre eux furent en butte aux mauvais traitements des populations surexcitées. Le voyage était rendu particulièrement dangereux dans nos contrées de l'Est par la colère qu'excitait le voisinage des Prussiens déjà maîtres de Longwy et de Verdun, et par les nombreux passages de troupes qui se rendaient à la frontière pour les combattre. M. Musart et ses deux compagnons échappèrent à tous les périls, et arrivèrent le 10 septembre à Landau, dernière ville de France. Le soir du même jour ils étaient à Neustadt. Mais, hélas ! les exilés ne devaient pas même trouver la paix et le repos sur la terre étrangère. La guerre allait les poursuivre de retraite en retraite. Il leur faudrait fuir sans cesse devant les Francais victorieux et reculer à mesure que s'avançaient les armées de la patrie. Une note manuscrite inédite nous permettra de suivre M. Musart pas à pas, pour ainsi dire, pendant ces trois années d'exil, et de donner sur son séjour à l'étranger des renseignements qui avaient fait presque complètement défaut jusqu'ici (1).

(1) Note manuscrite inédite communiquée par M. Eugène Martin. Cette note a été rédigée sur les renseignements fournis par M. Baty, curé de Moivre, l'un des compagnons de M. Musart dans son exil, et prisonnier avec lui à Reims en 1796.

Après la victoire de Valmy (20 septembre 1792) l'armée du Rhin, sous les ordres de Custine, s'était portée en avant, occupant Spire, Worms, Mayence, et marchait sur Francfort. Neustadt était sur son passage. Nos exilés durent en sortir et se dirigèrent vers Trèves où ils arrivèrent le 6 octobre. Mais Trèves, non plus, n'était pas un sûr asile. Kellermann, campé à quelques lieues de là avec l'armée de la Moselle, pouvait prendre d'un moment à l'autre l'offensive. Les trois prêtres partirent le 20 octobre et se rendirent en Belgique.

Ils marchaient toujours à pied, pour épargner le peu d'argent qu'ils avaient emporté ; aussi n'atteignirent-ils Bruxelles que le 1er novembre. Ils trouvèrent dans cette ville l'évêque de Châlons, Mgr de Clermont Tonnerre, qui avait émigré l'année précédente et s'y était fixé. M. Musart courut se jeter aux pieds de son évêque et, toujours rempli du souvenir de ses paroissiens, il sollicita l'autorisation de retourner vers eux. C'était s'offrir au martyre. Mgr de Clermont-Tonnerre refusa d'accorder la permission demandée, disant qu'il n'était pas encore temps et qu'il fallait attendre. Il remit seulement à M. Musart une lettre témoignant de sa qualité de prêtre fidèle, et le recommandant aux égards et à l'assistance des catholiques pendant la durée de son exil.

« Anne-Antoine-Jules de Clermont-Tonnerre,
« par la miséricorde divine et la grâce du Saint-
« Siège Apostolique, Evêque comte de Châlons,
« Pair de France et Docteur de Sorbonne,

« Certifions à tous ceux qui ces présentes
« verront que M. Nicolas Musart, curé de
« Somme-Vesle en notre diocèse, est de bonnes
« vie et mœurs ; qu'il n'est sorti du royaume
« de France qu'en vertu du décret de déporta-
« tion des prêtres non jureurs, et pour échap-
« per à la persécution exercée contre les vrais
« confesseurs de la foi qui sont restés constam-
« ment attachés aux dogmes de notre sainte
« religion, fidèles aux bons principes, et soumis
« à leur légitime évêque ; prions en consé-
« quence ceux qui sont à prier, d'avoir pour
« ledit M. Musart tous les égards que méritent

« son courage, sa fidélité et ses vertus, comme
« aussi de lui accorder l'asile et l'assistance
« que sa position également respectable et
« intéressante peut exiger.

« Donné à Bruxelles, où la persécution contre
« l'Eglise de France et son clergé nous a forcé
« de nous retirer, sous notre seing et le sceau
« de nos armes, le 1er novembre 1792.

« † A. J. *Ev. C*te *de Chalons.* »

Le séjour à Bruxelles ne dura guère qu'une
semaine. Dumouriez, vainqueur à Jemmapes le
6 novembre, était maître des Pays-Bas et pouvait occuper la capitale à tout instant. La
confusion dans la ville était extrême. Le *Journal*
du chevalier de Cadolle nous montre les émigrés
se mettant en route dès le 7 au matin, avant
même de connaître l'issue de la bataille. Dès
que la nouvelle en parvint à Bruxelles,
les troupes autrichiennes, les habitants eux-
mêmes, et ce qui reste d'étrangers quittent la
ville en tumulte. C'était une vraie déroute.
M. Musart, obligé de fuir comme les autres,
s'arrêta le 10 novembre à Gheel, gros bourg de

la Campine brabançonne, sur les frontières de la Hollande. Plusieurs prêtres français s'y trouvèrent bientôt réunis. Ici nous savons enfin de M. Musart autre chose que ses courses et ses déplacements continuels. La *Note* dont nous avons parlé nous le montre tel que nous le connaissons déjà, modeste et pieux. « Dès les premiers jours qu'il fut à Gheel, il s'attira, par sa modestie et sa piété, l'amitié et le respect non seulement de tous ses confrères réfugiés dans le même lieu, mais encore des prêtres de l'endroit et de tous les habitants. Il célébrait la sainte messe tous les jours, assistait à tous les offices qui se faisaient et passait tous les jours une partie de l'après-midi devant le Saint-Sacrement. »

Deux lettres datées de Gheel, et adressées l'une à la Sœur d'école, l'autre aux jeunes filles de Somme-Vesle, nous montrent M. Musart constamment occupé du souvenir de ses paroissiens et tourmenté du désir de les revoir.

La première est du 10 janvier 1793 (1).

______

(1) Publiée par le P. Loriquet.

« Quoique je ne vous aie encore donné en
« particulier aucunes nouvelles, je crois, ma
« chère fille, que vous êtes instruite de mon
« état et du soin paternel que le Seigneur prend
« de nous.

« Il serait trop long de rapporter toutes les
« merveilles qu'il a faites en notre faveur. Vous
« en connaissez quelques unes (1) ; je me
« réserve de vous faire de vive voix le récit des
« autres ; la consolation en sera plus sensible.
« Priez le Seigneur d'avancer ce moment
« désirable. En l'attendant, que la paix et la
« miséricorde soient avec vous toutes et avec
« tout notre troupeau, de la part de Jésus-Christ
« notre Seigneur. C'est là le vœu le plus ardent
« de mon cœur, et le vœu de tous les moments ;
« c'est la grâce que je ne cesserai de demander
« à Dieu.

« O enfants chéris de la sainte Eglise !
« N'ayez aucune inquiétude pour ce qui nous

(1) Les lettres qui en parlaient et auxquelles il
est fait ici allusion ne sont point connues.

« regarde : la Providence prend soin de nous ;
« il ne nous manque que d'être au milieu de
« vous..... Il n'est rien que le bon peuple
« parmi lequel nous vivons ne fasse pour tâcher
« de nous consoler ; mais toutes ces attentions
« ne font que vous retracer plus vivement à
« notre mémoire, en nous rappelant la ten-
« dresse que vous aviez pour nous, et la douce
« consolation que nous donnait votre piété. Ce
« souvenir me fait éprouver comme un déchire-
« ment de cœur qu'il serait difficile de vous
« exprimer. Je me console cependant par la
« pensée que notre éloignement n'aura rien
« diminué de votre attachement à la vraie
« religion, et qu'en retournant au milieu de
« vous je n'aurai qu'à me glorifier de votre
« fermeté.

« Ce que je vous dis, je le dis à tous. Il n'est
« aucune de mes brebis qui ne soit toujours
« présente à mon cœur.... O portion chérie
« du troupeau de Jésus-Christ ! mes plus doux
« moments sont ceux où je m'occupe de vous ;
« et quand est-ce que je ne m'en occupe pas ?

« J'y pense le jour, j'y pense la nuit ; j'y pense
« en m'éveillant ; j'y pense surtout au pied des
« saints autels, et en y pensant je suis souvent
« attendri jusqu'aux larmes. »

Le 4 février suivant, M. Musart s'adressait
plus particulièrement aux jeunes filles de la
Congrégation. Après quelques souvenirs donnés à sa famille, le digne pasteur s'abandonne
à ses effusions ordinaires (1).

« Vous avez toutes un droit égal à ma
« tendresse et je vous porte toutes également
« dans mon cœur. Plus je suis éloigné de corps,
« plus mon esprit et mon cœur sont près de
« vous, et rien au monde ne sera capable de
« vous effacer de mon souvenir. Continuelle-
« ment je prie Dieu pour vous, et je soupire
« après le moment où il plaira au Seigneur de
« nous réunir. Espérons qu'il ne tardera pas.
« Mais s'il plaisait au Seigneur de différer encore
« ce moment si désirable, soumettons-nous et

____

(1) Lettre inédite, conservée au presbytère de
Somme-Vesle.

« adorons sa sainte volonté qui veut encore nous
« éprouver et nous purifier pour nous rendre
« plus agréables à ses yeux et nous préparer une
« couronne plus éclatante dans le ciel...

« Aimez-vous les unes les autres ; animez-
« vous, encouragez-vous à faire le bien ; vivez
« dans une parfaite union : que ce soit l'union
« des premiers chrétiens. N'ayez toutes ensem-
« ble qu'un cœur et qu'une âme ; secourez-vous
« mutuellement ; aidez-vous ; que tout soit, en
« quelque sorte, commun entre vous ; partagez
« également les peines et les consolations.
« Priez pour nous ; priez les unes pour les
« autres ; priez pour vos ennemis, aimez-les
« rendez-leur le bien pour le mal ; c'est par
« cette conduite que vous prescrit notre sainte
« religion, que vous attirerez sur vous les béné-
« dictions du ciel, qu'il deviendra votre partage
« et que vous forcerez les plus grands ennemis
« de la piété à vous respecter.

« Je me porte très bien. La seule peine que
« j'éprouve et qui est bien sensible, c'est d'être
« séparé de mon troupeau chéri, de ne pouvoir

« vous consoler comme je le désirerais, et je ne
« sais si je suis un instant sans penser à mes
« chers paroissiens. Ce qui adoucit un peu ma
« peine, c'est la ferme espérance que j'ai que
« le Seigneur voudra bien suppléer par sa
« grâce à ce que je ne puis faire moi-même.
« Mettez en lui toute votre confiance et il ne
« vous abandonnera pas.

« Ce qui nous console encore, c'est de voir
« toute l'attention que les peuples ont pour
« nous. Tous les jours leur vénération pour
« nous augmente. Il n'est point d'endroit où
« il n'y ait des prêtres français, et partout on
« les reçoit comme on recevrait Jésus-Christ.
« On prend soin de les nourrir ; on regarde
« comme une bénédiction de pouvoir en loger.
« L'impiété ne peut prendre ; elle est obligée
« de disparaître. La religion triomphe, et fait
« de nouveaux progrès. Des protestants se
« convertissent en Hollande. Un ministre pro-
« testant (qui est ce que vous diriez un curé des
« huguenots) vient de donner sa maison à
« vingt religieuses françaises qui ont été obli-

« gées de fuir, comme nous, notre pauvre
« patrie. Le gouvernement, quoique protestant,
« les a approuvées, et ces dignes épouses de
« Jésus enseignent librement en Hollande la
« religion qu'elles n'ont pu enseigner en France.
« Il y a quelques mois, on a donné publique-
« ment, à Amsterdam, la confirmation à un
« nombre immense de personnes (1), ce qui
« n'avait jamais été permis jusqu'alors qu'en
« secret. Dans peu, les évêques français doivent
« encore confirmer en d'autres villes du même
« pays. Les catholiques y deviennent fort
« libres ; ils sont le plus grand nombre et ils
« ont la piété des premiers chrétiens....

« Louis et Ponsin (2) ont-ils perdu quelques

(1) Le texte porte, en toutes lettres, *quatre-
vingt mille* personnes. Quoique la lettre soit l'original même de M. Musart, nous avons craint une
erreur et rejeté ce chiffre en note.

(2) Les deux intrus. M. Musart ignorait encore
leur remplacement par un autre intrus, M. Delabaume, arrivé à Somme-Vesle au mois de novembre
1792.

« pratiques ?.... Je suis toujours tout à vous
« en Jésus-Christ. »

Les détails donnés à la fin de cette lettre ont
leur prix. Ils nous montrent le grand mouvement catholique produit en Hollande par l'arrivée des prêtres français exilés. Le spectacle de
leur foi et de leurs vertus frappait les esprits les
plus prévenus. Les préjugés tombaient devant
les faits. Ainsi en était-il partout où abordaient
les proscrits : en Angleterre, en Amérique, en
Russie... Leur passage était le signal, au
milieu des nations protestantes ou schismati-
ques, d'un retour au catholicisme qui n'a fait que
s'accroître jusqu'aujourd'hui. La tempête révolutionnaire, en dispersant violemment la bonne
semence sur tous les points du monde, avait
déposé partout le germe des moissons futures.

M. Musart avait pu rendre quelques services à la garnison républicaine qui occupait
Gheel (1) ; il n'en dut pas moins quitter la ville

(1) Le fait est énoncé dans une pétition des habitants de Somme-Vesle en faveur de M. Musart, du
11 vendémiaire an III. Voir page 83.

à l'approche de l'armée de Dumouriez, au prin-
temps de 1793, peu de jours avant la bataille de
Nerwinde. Parti de Gheel le 15 mars,
M. Musart se rendit à Moll, bourg de la
Gueldre hollandaise. Il y trouva une généreuse
hospitalité chez une pieuse veuve qui fournissait gratuitement à tous ses besoins et le traitait
comme ses propres enfants. « Ainsi qu'à Gheel,
dit la *Note* déjà citée, M. Musart était, à Moll,
un modèle de piété et un exemple d'édification. »

C'est sans doute de cette résidence, où il
passa plus d'une année, que M. Musart écrivit
à sa mère cette lettre qui exprime si bien ses
sentiments ordinaires :

« Nous sommes reçus partout avec joie.
« Quand nous pouvons séjourner librement
« dans un endroit pendant quelque temps, nous
« fixons l'heure de notre lever, de nos médita-
« tions, de nos lectures et de nos entretiens.
« J'ai le bonheur d'offrir tous les jours le saint
« sacrifice pour mes chers paroissiens. Mon
« unique douleur, c'est de ne pouvoir les

« secourir dans leur malheur. Je les ai sans
« cesse présents à l'esprit, je les porte tous
« dans mon cœur. Voici la prière que je fais
« pour eux tous les jours à la sainte messe :

« *Jetez, ô mon Dieu ! des regards de miséri-*
« *corde sur le troupeau que vous m'avez confié ;*
« *et, si votre justice l'exige, immolez le pasteur*
« *pour conserver les brebis* » (1).

Quel pressentiment dut traverser le cœur de
la pauvre mère à la lecture de ces dernières
lignes ! L'idée du martyre avait donc suivi son
fils jusque dans l'exil ! Sans le demander, il s'y
offrait tous les jours !

Mais c'est à d'autres témoignages que le
sien, on le comprend, qu'il faut demander le
tableau de la vie pieuse et régulière que
M. Musart menait à Moll. M. Vallois (2) qui a
vécu avec lui pendant les deux premières

(1) Lettre citée par le P. Loriquet.

(2) Ancien vicaire de Robert-Mailly, plus tard curé
de la cathédrale de Châlons. Il s'était d'abord retiré
à Liège.

années de son exil, nous trace ainsi ce tableau :

« Il fut constamment le même, vivant pour Dieu et selon Dieu. Sa conversation, toujours gaie et des plus agréables, ne roulait que sur des objets utiles ou édifiants. Faisant une étude journalière de l'Ecriture sainte, et spécialement de l'Evangile, il en savait tirer les applications les plus heureuses et les plus solides.

« Dans la pieuse famille qui nous donna l'hospitalité pendant près de deux ans (1), on ne le nommait jamais que *le saint homme*. Tous ses moments étaient partagés entre l'étude et la prière. Il se levait de grand matin, et après avoir consacré trois quarts d'heure, ou même une heure, à l'oraison, il allait célébrer les saints mystères ; mais c'était avec une piété qui le faisait remarquer entre tous ses confrères : un ange n'eût pas été plus édifiant à l'autel.

« Ses chers paroissiens l'occupaient sans cesse ; il n'en parlait jamais qu'avec attendris-

______

(1) Exactement : du 15 mars 1793 au 10 juillet 1794.

sement et les yeux baignés de larmes. Trop souvent il m'a exprimé le désir d'aller les rejoindre, pour que j'aie été étonné du parti qu'il prit de rentrer en France avant le temps. Son mot favori était cette parole de saint Paul : *Omnia impendam, et superimpendar ipse pro animabus vestris* : « Je sacrifierai toutes choses et j'irai jusqu'au sacrifice de moi-même pour le salut de vos âmes (1). »

Cependant la campagne de 1794 était favorable aux armées de la République. Pichegru avait passé de Belgique en Hollande, et s'était emparé de ce pays. Une fois encore, il fallut fuir. La route de l'Est était seule ouverte : M. Musart se dirigea de ce côté (10 juillet 1794).

A Gemert il rencontra pour la seconde fois Mgr de Clermont-Tonnerre, qui s'y était réfugié lorsqu'il avait été chassé de Bruxelles, dix-huit mois auparavant. Comme à Bruxelles, le zélé pasteur fit part à son évêque du désir qu'il avait de rejoindre son troupeau, et demanda la per-

(1) II Cor., XII, 15.

mission de rentrer en France. L'évêque refusa
cette fois encore. On était, en effet, en pleine
Terreur, et une loi du 22 octobre précédent
prononçait la peine de mort dans les vingt-
quatre heures contre tout prêtre déporté qui
serait rentré en France. Cependant, à demi
vaincu par tant d'instances, il laissa entrevoir
qu'il accorderait l'autorisation si vivement dési-
rée, pour peu que les événements s'y prêtassent.

M. Musart partit plein d'espoir, et arriva à
Emmerich, de l'autre côté du Rhin, le 22
juillet. Un fermier, qui demeurait à une demi-
lieue de la ville, le reçut chez lui avec plusieurs
autres prêtres français.

Les tristesses de l'exil s'aggravèrent, à
Emmerich, des mauvaises nouvelles venues de
France. C'est là que M. Musart apprit ce qui
s'était passé à Somme-Vesle pendant la Terreur : le départ de l'intrus Delabaume (1) et

(1) L'Agent national de Somme-Vesle, Musart,
mentionne ainsi ce départ, dans une lettre à l'Agent
national de Châlons, à la date du 1er ventôse an II

la spoliation complète de ses deux églises (1).
Le misérable état où il voyait réduits ses
paroissiens, privés de tout secours spirituel,
achevait de lui briser le cœur.

A ces préoccupations, s'ajouta bientôt l'ennui
d'un départ nouveau. L'armée française occupait toute la rive gauche du Rhin (octobre 1794),
et on appréhendait à chaque instant que l'ordre
ne fût donné de passer le fleuve. Le 3 novembre,
M. Musart se remit en route accompagné de
deux prêtres châlonnais, M. Périnet, vicaire

(20 février 1794) : « Pour à l'égard du culte catholique, je vous observe que le curé est retourné à son
pays depuis près d'un mois, et que *notre maître
d'école chante les Matines et Vêpres à l'ordinaire.* » On faisait de même en beaucoup d'endroits,
certains rapports disent : « presque partout. »

M. Delabaume apostasia ensuite complètement
et se maria.

(1) Le 3ᵐᵉ jour complémentaire de l'An II (19 sept.
1794), on avait enlevé de l'église de Somme-Vesle :
argent, 4 marcs, 5 onces ; cuivre 117 l. ; métal de
cloches, 684 l.

de Sarry, et M. Bonnet, vicaire de Saint-Amand. Cette fois, les exilés ne voulaient s'arrêter qu'au cœur même de l'Allemagne, à Erfurt.

Erfurt était d'ailleurs, à ce moment, le rendez-vous préféré des émigrés. Laïques et ecclésiastiques, fuyant les bords du Rhin, s'y rendaient en foule. Une relation contemporaine nous montre ces derniers, surtout, allant plusieurs ensemble, leur petit paquet sur l'épaule, le bréviaire sous le bras, en habits déchirés, quelquefois pieds nus (1). L'hiver était rigoureux : un certain nombre moururent de froid et de besoin sur les chemins.

Il y a d'Emmerich à Erfurt une centaine de lieues ; M. Musart et ses deux compagnons mirent vingt-trois jours à faire le voyage.

A leur arrivée, la ville regorgeait d'émigrés. Les registres d'Erfurt signalent la présence de 639 laïques et de 220 ecclésiastiques au com-

_____

(1) *Neue Kronik von Erfurt.* — Communiqué par M. le pasteur Reinecke.

mencement de 1795 (1). Les uns étaient riches et se suffisaient à eux-mêmes ; mais un grand nombre étaient sans ressources, particulièrement parmi les ecclésiastiques. On les logeait comme on pouvait, dans les couvents et chez les particuliers : la charité pourvoyait à leur nourriture et à leur entretien. Les familles chrétiennes les recevaient à tour de rôle avec un désintéressement qu'on ne saurait assez louer.

M. Musart reçut l'hospitalité chez une dame Heckcroth avec trois religieux franciscains, les Pères Fontaine et Schamps, du diocèse de Cambrai, et le P. Louis, de Tournay. Tous quatre prenaient leurs repas soit au monastère de Saint-Cyriaque, soit dans des familles du voisinage.

(1) Ces détails sont dus à l'obligeance de M. le pasteur Reinecke, à Schauen (Saxe). Ce savant a relevé pour nous, aux archives d'Erfurt, la liste de tous les prêtres et religieux français ayant résidé à Erfurt pendant la Révolution.

La *Note* plusieurs fois citée nous dit que
« M. Musart, par la piété et les vertus qui
étaient en lui, gagna à Erfurt, comme dans les
autres endroits, l'estime et le respect d'un
grand nombre de confrères de différents diocèses qui s'y étaient retirés, ainsi que des
prêtres et des habitants de toute la ville. »
L'auteur de cette note, M. Baty, curé de Moivre,
qui se trouvait aussi à Erfurt, donne, dans une
lettre, des renseignements plus complets sur la
vie que M. Musart menait dans cette ville : « Il
était, nous dit-il, entièrement appuyé sur la
Providence, ne voulant jamais rien au-delà du
strict nécessaire, se refusant aux instances
qu'on lui faisait d'accepter au moins pour les
besoins toujours assez multipliés dans les différents voyages d'un exil.

« Il aimait beaucoup la retraite, et n'en sortait que pour s'employer à des œuvres de
charité et au service de ses confrères. Il leur a
été très utile, en particulier à Erfurt, où j'ai
demeuré avec lui. Etant arrivé un des premiers
dans cette ville, il s'était d'abord concilié

l'estime et l'amitié de tous les catholiques et même des protestants, dont plusieurs le prièrent d'offrir pour eux le saint sacrifice. »

On apprit enfin, à Erfurt, que la persécution, en France, semblait se ralentir. Une violente réaction avait suivi le 9 thermidor et la mort de Robespierre. La Convention, par le décret du 3 ventôse an III (21 février 1795) avait permis l'exercice *privé* du culte, hors de l'enceinte des églises et seulement dans les maisons particulières, sans convocation ni avertissement public. Aussitôt les prêtres constitutionnels qui avaient dû cesser, pendant la Terreur, toute cérémonie religieuse, avaient recommencé à dire la messe dans une chambre du presbytère ou chez leurs amis de la ville. Les portes des maisons de réclusion s'étaient ouvertes ; les détenus de Rochefort qui avaient survécu aux horreurs des *prisons flottantes* avaient été mis en liberté.

Un second décret (11 prairial, 30 mai) avait bientôt permis d'exercer le culte dans les édifices publics non aliénés, et l'on avait récon-

cilié les églises profanées et les cimetières (1).
Mais, par une étrange contradiction, la loi du
26 août 1792 n'avait pas été rapportée ; même
celle du 12 floréal an III (1er mai 1795) l'avait
aggravée en assimilant les prêtres volontairement sortis de France aux émigrés, et enfin le
Comité de législation déclarait, le 22 thermidor an III (9 août 1795) que ces prêtres
restaient sous le coup des lois rendues contre
eux. On déclarait donc de plus tenir compte du
serment de 1790, et on continuait à interdire
l'entrée du territoire à ceux qui avaient été
exilés pour l'avoir refusé.

Avant que ne fût rendue cette dernière décision, et vers le milieu du mois de juin 1795, les
fidèles de Somme-Vesle avaient fait connaître
à leur curé ce qu'il leur semblait du nouvel état
de choses. Dans leur simplicité et leur bonne

(1) M. Bertin, curé de N.-D. de l'Epine, *réconcilie*
l'église de La Cheppe, le 12 avril 1795 ; celle de
l'Epine avec le cimetière le 9 août suivant. (M. Bertin avait juré mais s'était rétracté en secret.) Voir :
Semaine religieuse du 1er mars 1890.

foi, ils le priaient de hâter son retour parmi eux. Le désir de ses paroissiens s'accordait trop bien avec ses propres aspirations pour que M. Musart hésitât un moment. Les exemples d'ailleurs ne manquaient pas autour de lui. Si le plus grand nombre des prêtres exilés attendaient encore, plusieurs d'entre eux reprenaient déjà le chemin de la France. Il lui sembla que les conditions posées à son retour par Mgr de Clermont-Tonnerre étaient remplies. « Il igno- « rait d'ailleurs, c'est lui-même qui l'a déclaré « plus tard (1), la rigueur des lois nouvelles, et « était persuadé que la rentrée des prêtres « déportés était au moins tolérée. » Aussi prit-il immédiatement son parti. En vain on lui représenta que la situation en France était précaire ; qu'on n'y pouvait répondre du lendemain : il fut inébranlable. A ceux qui lui faisaient entrevoir la mort comme le prix possible de son dévouement, il répondait que

(1) Dans son interrogatoire du 7 ventôse an IV. Voir chapitre VI.

« pour ses paroissiens il mourrait volontiers,
« dût-il n'en sauver qu'un seul. »

Le 30 juin 1795, lendemain de la fête des saints apôtres Pierre et Paul, M. Musart quitta Erfurt en compagnie de M. Baty. Nous empruntons à ce témoin de chaque jour le récit malheureusement trop court de ce voyage :

« M. Musart, nous dit-il, ne se mit point en peine s'il aurait de quoi fournir aux frais du voyage, qui devait être de plus de deux cents lieues. Sa confiance ne fut point trompée, et je peux dire avec vérité qu'il n'y a pas eu un seul jour, dans cette longue route, qui n'ait été marqué par quelque bienfait de la Providence.

« Dans cette pénible marche, M. Musart ne retrancha pas la moindre partie de ses exercices accoutumés, et il sut bien se garantir de la dissipation ordinaire des voyages. Après nous avoir fait sanctifier le commencement de chaque journée par la prière, il se tenait le plus souvent à l'écart, pour s'entretenir plus librement avec Dieu.

« Rien n'altéra jamais sa gaieté ; elle semblait

même redoubler dans les plus grandes fatigues. Il répétait souvent avec une consolation singulière : « Allons, allons au martyre ; nous serons « trop heureux si nous l'obtenons après avoir « fait si peu de chose. »

« Ayant été introduits à la cour d'un prince d'Allemagne qui se trouvait sur notre passage, nous y fûmes bien accueillis. On voulut même nous retenir, pour donner aux personnes de la cour le temps de pourvoir aux besoins de notre voyage. « Non, non, dit le zélé pasteur, « nous avons plus à gagner à continuer inces- « samment notre route. Ce retard nous ferait « peut-être perdre l'occasion d'être utiles à « quelqu'un qui presse. Partons ; la Providence « nous accompagnera. »

Le voyage dura un mois entier à travers l'Allemagne et la Suisse. Dans ce dernier pays, un magistrat du canton de Soleure, M. Surbeck, grand-bailli de Dornach, favorisait la rentrée en France des émigrés. Grâce aux passe-ports qu'il leur délivrait, ceux-ci pouvaient, en se donnant comme marchands et négociants,

pénétrer dans les départements voisins, du
Mont-Terrible, du Doubs, du Jura. M. Musart
eut sans doute recours à lui, et put franchir la
frontière déguisé en voyageur de commerce. A
Soyhière, alors terre française, au département
du Mont-Terrible, il se fit délivrer, le 4 thermidor an III, un laisser-passer pour l'intérieur,
où était reproduit le signalement du passe-port
de 1792, mais où sa qualité de prêtre était remplacée par celle de voyageur « pour affaires de
commerce (1). » Nous le suivons alors étape par
étape, pour ainsi dire, à Altkirk, le 5 thermidor ;
à Essert, le 6 ; à Chaumont le 11 du même

(1) « Liberté, Egalité, Justice. — République française. — Département du Mont-Terrible. — District
de Delémont. — Municipalité Soyerre.

« Laissez passer et repasser librement le citoyen
Nicolas Musart, âgé d'environ 45 ans, taille de
5 pieds 3 pouces..... désirant de voyager dans
l'intérieur de la République pour affaires de commerce. Prêtez-lui aide et assistance en cas de
besoin. »

Cette pièce, retrouvée à Somme-Vesle, chez une

mois. Le 31 juillet 1795, après trois ans et trois mois d'absence, M. Musart rentra à Somme-Vesle.

parente éloignée de M. Musart, porte une note écrite par l'un de ses anciens possesseurs :

« Ce cher pasteur est mort à Reims, martyr et confesseur de la foi, dans la persécution des catholiques, 1796. »

V.

L'ARRESTATION.

M. Musart, rentré à Somme-Vesle, logea chez
sa mère. Quelques jours après son retour, le
17 thermidor (8 août), il se présenta au greffe
de la municipalité pour faire la déclaration
imposée aux ministres du culte par la loi du 11
prairial an III. Cette déclaration était ainsi
conçue : « Je déclare être dans l'intention
d'exercer le culte catholique romain dans la
commune de Somme-Vesle, et je promets soumission aux lois de la République. » Cette
soumission aux lois purement civiles et politi-
ques n'avait rien qui pût blesser la conscience ;

sauf un petit nombre, les prêtres fidèles rentrés
en France avaient cru pouvoir faire cette promesse. Cette condition remplie, M. Musart put
reprendre publiquement l'exercice de son ministère, sinon à Poix où l'on refusa de le recevoir,
du moins à Somme-Vesle. L'intrus qui y était
revenu depuis quelques mois se retira et le vrai
pasteur put s'abandonner à l'ardeur de son zèle.

La situation de la paroisse était lamentable.
L'église avait été spoliée, comme nous l'avons
dit ; il n'y restait ni vases sacrés, ni ornements ;
son unique cloche avait été enlevée. Pendant
trois ans, les vrais fidèles avaient été privés de
tout secours religieux. Toute communication
avec les intrus leur étant rigoureusement inter-
dite, ils n'avaient eu, pendant ce long espace
de temps, ni messes, ni sacrements, ni instructions. Aussi M. Musart se multipliait pour les
dédommager. Comme s'il avait pressenti que
la Providence ne lui accordait qu'un moment,
il voulait mettre à profit ce temps précieux.
Instructions, sollicitations, rien ne fut épargné,
et bientôt revenaient aux pratiques religieuses

la plupart de ceux qu'un fol enthousiasme et
surtout la crainte en avait tenus éloignés . Plus
que jamais aussi on vit le saint prêtre multiplier
ses austérités et ses prières.

Cependant la Convention n'avait pas désarmé.
Arrivée au terme de sa carrière, la sanguinaire
assemblée allait signaler ses derniers jours par
un retour aux pires traditions de son passé.
Elle rendit d'abord la loi du 20 fructidor an III
(6 sept. 1795), aux termes de laquelle les prêtres
déportés, rentrés en France, devaient être bannis à perpétuité du territoire de la République
dans le délai de quinze jours, et traités comme
émigrés s'ils rentraient ensuite. Puis vint la
déclaration du 7 vendémiaire an IV (29 sept.
1795), ainsi conçue : « Je reconnais que l'univer-
salité des citoyens français est le souverain, et
je promets soumission et obéissance aux lois de
la République. »

Or ces lois étaient redevenues des lois de
proscription et de sang ; M. Musart refusa la
promesse qu'on lui demandait. Dénoncé aussitôt, il dut cesser l'exercice public du culte et se

cacher (1). Il se retira dans une maison un peu isolée, où demeurait une de ses parentes, Nicole Coyon, qui devait, plus tard, le suivre jusqu'au pied de l'échafaud.

Il y disait la messe dans un étroit réduit sous l'escalier, à peine éclairé par une petite lucarne (2). Un danger était-il signalé, la porte de la soupente se fermait, et les agents ne trouvaient que quelques femmes réunies dans la cuisine.

Pendant un mois environ, M. Musart resta ainsi à Somme-Vesle, ne sortant que la nuit et sous un déguisement pour visiter les malades, confesser, catéchiser. Un certain nombre d'habitants des deux villages se décidèrent alors à

(1) Les derniers actes du registre faisant mention de M. Musart, prêtre, curé catholique de Somme-Vesle, sont du 29 sept. 1795.

(2) Ce réduit existe encore tel qu'il était alors. Un trou dans le mur est l'endroit où M. Musart cachait le calice. Le souvenir de ces faits est très bien conservé à Somme-Vesle.

adresser aux administrateurs du district de Châlons une pétition pour obtenir qu'on leur laissât leur curé. Ils alléguaient la liberté rendue aux différents cultes et la difficulté de se procurer un ministre du culte catholique. M. Musart, disaient-ils, avait fait la déclaration exigée par la loi du 11 prairial an III ; il avait toujours maintenu la commune dans la paix et la soumission à l'autorité publique (1). Cette lettre ne reçut pas de réponse.

Enfin parut la loi du 3 brumaire an IV (25 octobre 1795) qui renouvelait les lois de proscription de 1792 et de 1793, et punissait de mort dans les vingt-quatre heures tout prêtre déporté ou tout émigré rentré en France. C'était là le digne testament de l'Assemblée qui avait fait la Terreur. Le lendemain, la Convention se séparait et cédait la place au Directoire.

Le premier soin du nouveau gouvernement fut d'appliquer avec la dernière rigueur la loi

(1) Voir aux pièces justificatives, n° 2, cette pétition.

du 3 brumaire. Il sembla qu'il prenait pour
devise et pour règle de conduite les sauvages
paroles de Merlin de Douai : « Que la loi qui
comprime, qui frappe ou qui déporte les réfractaires reçoive une entière exécution. Qu'elle les
inquiète le jour, qu'elle les trouble la nuit.
Désolez leur patience, ne leur donnez pas un
moment. de relâche ; que sans vous voir ils
vous sentent partout, à chaque instant. »

Le ministre de la police ne fut que trop bien
écouté. Les réfractaires, comme on continuait
à les appeler, furent dénoncés, chassés de leurs
paroisses, traqués sans relâche. On vit même
des intrus qui, croyant au retour de la Terreur,
désertaient honteusement le poste qu'ils avaient
repris depuis quelques mois. De ce nombre fut
l'intrus de Poix. Pour la seconde fois, le
pasteur mercenaire laissa là ses ouailles ; mais,
témoin de l'affection que le curé légitime conser-
vait à Somme-Vesle, il ne sut point résister à
une basse jalousie, et se fit, on l'affirma du
moins, le dénonciateur de M. Musart.

Cette fois il fallait se rendre aux conseils de

la prudence ; M. Musart quitta Somme-Vesle.
Mais il n'était point revenu de l'exil et n'avait
pas bravé la mort pour laisser les âmes tout-à-
fait sans secours au moment où elles en avaient
le plus besoin. Caché tantôt dans un endroit
tantôt dans un autre, il sortait la nuit de son
refuge pour dire la messe dans un grenier, confesser, assister les mourants, allant de village
en village au prix de mille fatigues et à travers
mille dangers (1).

Sa mère, dans une de ces courtes apparitions
à Somme-Vesle, lui disait un jour : « Hélas !
les lois sont si sévères ! Si malheureusement
vous étiez découvert, on vous ferait mourir, et
quel serait notre chagrin ! »

« Cela est vrai, répondit le généreux confes-
« seur de la foi, mais je vous l'ai déjà dit : tout

(1) Un souvenir précieux de ces courses aposto-
liques est resté dans la famille de M. Musart ; c'est
le calice dont se servait alors le curé de Somme-
Vesle et qui n'est qu'une coupe de calice montée
sur un petit pied, d'une hauteur totale de douze
centimètres.

« ce que je demande au Seigneur c'est de
« répandre mon sang pour la défense de sa
« sainte religion. »

C'est à Moivre, village voisin, que M. Musart
semble être resté caché plus longtemps. Il avait
élu domicile dans un colombier abandonné,
exposé à toutes les rigueurs de l'hiver. C'est de
cette misérable retraite qu'il écrivit, le jour de
Noël, à la Sœur d'école de Somme-Vesle. La
pieuse fille lui avait manifesté le regret qu'elle
avait, ainsi que ses compagnes, de ne pouvoir
communier en un pareil jour. M. Musart lui
fit la réponse suivante (1) :

« Votre lettre, ma chère fille en Jésus-Christ,
« me fait le plus grand plaisir. J'y reconnais le
« langage du cœur, et d'un cœur chrétien et
« catholique.

« Toutes les fois que vous le trouverez bon,

(1) Cette lettre inédite, dont l'original a été
retrouvé à Somme-Vesle, porte en tête ces mots,
écrits par une main étrangère : *Cela est du 25
décembre 1795, écrit à Moivre, aux filles de
Somme-Vesle.*

« vous me ferez un vrai plaisir de m'écrire.
« Bénissez le Seigneur qui fait tourner à votre
« avantage même mon absence, en vous faisant
« connaître, par la privation de votre pasteur,
« combien sa présence vous est avantageuse
« et consolante. On ne sent bien les choses que
« quand on en est privé. Oui, mes chères filles,
« c'est pour vous un avantage inestimable de
« posséder votre pasteur, surtout dans les
« malheureuses circonstances où nous sommes,
« tandis que tant d'autres qui en profiteraient
« peut-être mieux que vous en sont privés.

« Malgré l'indignité de ma personne, je vous
« tiens la place de Jésus-Christ. J'ai pour vous
« toute la tendresse d'un père, et mon plaisir le
« plus doux sera toujours de pouvoir faire votre
« bonheur. Comme le Prophète, vous désirez
« avec ardeur de vous nourrir de la chair
« adorable de votre divin Sauveur et Epoux ;
« vous brûlez d'une soif ardente pour le Dieu
« fort et vivant, l'ami des vierges. Je loue votre
« désir, puisque vous êtes résignées à sa sainte
« volonté. Si vous voulez lui être conformes,

« il faut qu'il vous fournisse l'occasion de lui
« faire des sacrifices. Dites-lui donc comme il
« le disait lui-même au plus fort de ses peines :
« Seigneur, il me serait bien doux de me
« nourrir de votre chair adorable dans ce
« moment de votre naissance ; mais si vous
« trouvez bon de m'en priver, que votre volonté
« soit faite et non la mienne. J'espère cependant
« que vous n'en serez pas privées.

« Vous me faites plaisir de me donner le
« détail de votre conduite pendant mon absence.
« Elle est bien louable et convenable aux
« circonstances. Continuez, mes chères filles ;
« persévérez toutes ensemble ; encouragez-
« vous ; animez-vous les unes les autres ; faites
« tout pour l'amour de Dieu. Il est témoin de
« tout ce que vous faites ; il vous prépare une
« récompense abondante. Aimez donc toujours
« de plus en plus un Dieu si bon, si miséricor-
« dieux. Mettez en Lui toute votre confiance.
« Vous lui dites dans les Petites Heures du
« jeudi : Heureux, mon Dieu, ceux qui mettent
« en vous tout leur appui. Dans cette vallée

« de larmes où votre Providence les a placés, ils
« s'élèvent sans cesse vers vous par les désirs
« de leur cœur. Le Seigneur, le souverain Maître
« bénira leurs efforts ; il les fera marcher de
« vertu en vertu jusqu'à ce qu'ils jouissent de
« Dieu dans la céleste Patrie (1).

« C'est le désir le plus ardent de mon cœur
« que le Seigneur vous comble de ses bénédic-
« tions. C'est dans ces sentiments que je suis,
« avec une tendre affection, en notre Seigneur
« Jésus-Christ, votre pasteur,

« Musart. »

En marge : « Réunissons-nous souvent au
« pied de la Croix de notre adorable Maître et
« dans ses plaies sacrées, surtout dans celle de
« son cœur. »

Cependant M. Musart ne put supporter longtemps cette vie de privations et de fatigues. Ses
fréquents voyages la nuit, par le froid, en
dehors des chemins battus, avaient fini par
affaiblir sa robuste santé. Il se retira, au com-

____

(1) Ps. LXXXIII, 6, 7, 8.

mencement du mois de janvier 1796, au village de Somme-Suippe, chez un cabaretier son parent (1). Malgré le danger auquel il s'exposait, cet homme consentit à le cacher dans sa maison. Une petite chambre au grenier, dont l'unique fenêtre donnait sur le cimetière et sur l'église, devint le refuge de M. Musart (2).

(1) M. Rônez-Poincenet.

(2) Nous avons vu en 1889 cette petite chambre, telle encore qu'elle était au temps où M. Musart l'habitait. Elle a été modifiée depuis. Elle avait cinq mètres et demi de long sur deux mètres de large et autant de haut. Au fond, du côté opposé à la fenêtre, était un lit. Auprès de la fenêtre, adossée au mur, une petite bibliothèque. La fenêtre ouvrait sur le côté méridional de l'église, dont la maison n'était séparée que par la largeur du cimetière.

Mgr de Prilly aimait à visiter cette petite chambre quand il venait à Somme-Suippe. La propriétaire actuelle de la maison l'y a vu, lors de la dernière visite du vieil évêque, en 1855. Elle raconte volontiers cette scène qui avait frappé sa jeune imagination. « Monseigneur était très vieux alors, dit-elle ;

Il n'en sortait que la nuit pour administrer les sacrements aux fidèles qui ne voulaient

il fallait le soutenir pour l'aider à monter les marches de l'escalier. Arrivé dans la chambre, il s'est mis à genoux, les mains jointes, et a prié longtemps. »

Ce qu'était cette prière, les lettres du vénérable évêque nous l'apprennent. L'une est du 9 sept. 1843, par laquelle Mgr de Prilly approuvait et encourageait le projet d'une réédition de la *Vie de M. Musart.* Après le début, où il exposait ses idées à ce sujet, l'évêque continue ainsi :

« J'allai, il y a quelques années, révérer la
« mémoire de M. Musart et le prier de s'intéresser
« à nous. C'était dans la petite, bien petite chambre
« où il logeait à Somme-Suippe, où il fut arrêté et
« de là conduit à Reims. Je ne l'invoquai pas nomi-
« nativement, puisque l'Eglise ne l'a pas reconnu
« pour saint, mais je le compris dans l'invocation :
« *Omnes sancti Martyres,* que je récitai.

« J'étais bien touché en me retrouvant dans cet
« humble gite d'où il faisait des excursions dans
« la contrée. Tout y était bien modeste, et même
« bien pauvre ; mais que faut-il de plus aux saints,

point recouvrir au curé constitutionnel (1). Les précautions dont il s'entourait n'empêchèrent pas que sa présence ne fût connue. On le dénonça.

Or la persécution, à ce moment là même, redoublait d'intensité. On savait que de nombreux prêtres déportés étaient rentrés par la Suisse ; la présence de plusieurs d'entre eux était signalée en différents endroits du départe-

« à ceux qui ne cherchent que le royaume de Dieu, « et qui ne font nul état de tout le reste ? »

L'autre lettre est un *Post Missam* du 23 avril 1852 (Voir *Vie et Lettres de Mgr de Prilly*, II, 383).

« C'est au milieu des habitations de Somme-« Suippe que se trouvait celle d'un saint martyr que « j'ai visitée. C'était une retraite bien humble, « mais c'est de là qu'il est monté au ciel ; c'était, « par conséquent, comme un Paradis. Aussi avec « quelle confiance et quel attendrissement, quand « je visitai cette pauvre chambre, je dis, en me « mettant à genoux : *Omnes sancti Martyres, orate* « *pro nobis !*

(1) Le curé constitutionnel de Somme-Suippe était M. Gosset. Il avait prêté serment et reconnu

ment. La plus exacte surveillance venait d'être recommandée aux administrations locales rendues responsables. Le commissaire du Directoire près l'administration du canton de Suippes ordonna l'arrestation immédiate de M. Musart.

Le 22 février, vers six heures du soir, M. Musart, malade, était au lit et disait son bréviaire. Le maréchal-des-logis de la résidence de Suippes, accompagné de trois gendarmes, se présente à Somme-Suippe, à la porte du cabaretier, et demande à la servante s'il est vrai qu'un prêtre réfractaire est caché dans la maison. Sur la réponse négative de cette

l'évêque Diot. Il s'était ensuite rétracté secrètement et datait depuis lors ses actes « des années de la persécution », signant : Gosset, *prêtre catholique romain.*

Après la Révolution, il fit amende honorable pour son premier serment, et alla demander pardon de maison en maison dans toute la paroisse. Il porta même un cilice jusqu'à sa mort. (Renseignements communiqués par M. le chanoine Tripied, archiprêtre de Sézanne, ancien curé de Somme-Suippe.

fille, il se fait ouvrir les différentes chambres et arrive à celle où était M. Musart.

Le digne prêtre interrogé répondit avec la simplicité recommandée dans l'Evangile : il déclara qu'il était le curé de Somme-Vesle, puis se levant aussitôt, il pria seulement qu'on lui permît d'achever le bréviaire commencé. Sa prière finie, il se remit aux mains des gendarmes qui l'emmenèrent à la prison de Suippes.

Le lendemain matin, il fut dirigé sur Châlons. En chemin, le gendarme qui le conduisait voulait le faire échapper. Il le pria, le supplia les larmes aux yeux de s'enfuir. M. Musart représenta à ce brave homme qu'il serait rendu responsable de son évasion, qu'il aurait à en souffrir, et sa famille avec lui. Bref, il refusa.

De guerre lasse, le gendarme entra dans une auberge isolée, sur le bord de la route, et dit à son prisonnier d'aller seul en avant. Quand, après un quart d'heure, il sortit de la maison, le gendarme aperçut le curé de Somme-Vesle cheminant paisiblement devant lui (1). Le lendemain, 6 ventôse (25 février), M. Musart fut conduit en voiture à Reims où il arriva le même jour. Il fut immédiatement écroué à la prison de Bonne-Semaine pour y attendre son jugement (2).

(1) Le récit de cet incident, vaguement connu jusqu'ici, nous vient de source certaine, et nous pouvons en garantir l'authenticité. Une petite-nièce de M. Musart, qui faisait dire chaque année une messe commémorative le 11 mars, s'adressa, en 1871, pour cet objet, à M. l'abbé Carroy. Le bon vieillard, lorsqu'il apprit ce qu'on demandait de lui, se mit à fondre en larmes, puis expliqua que c'était son propre père, alors gendarme, qui avait conduit M. Musart de Suippes à Châlons, et dit la peine qu'il en avait eue toute sa vie. Il raconta alors l'admirable combat de générosité que nous rapportons, et la scène de l'auberge.

(2) Voir aux pièces justificatives n° 3, le *Procès-verbal* de l'arrestation de M. Musart et les pièces relatives à son emprisonnement.

VI.

LA PRISON. — LE JUGEMENT.

A peine entré dans sa prison (1), M. Musart
eut comme un avant-goût du sort qui l'attendait
et montra, par les premières paroles qu'il pro-

(1) La maison d'arrêt de Bonne-Semaine avait été
récemment transformée en maison de justice. Le
Tribunal criminel, installé provisoirement dans les
bâtiments du grand séminaire, était tout proche.
Une porte pratiquée dans le mur de la prison donnant sur le jardin du séminaire, permettait de communiquer sans passer par le dehors.

La prison de Bonne-Semaine n'existe plus ; l'em-

nonça, avec quelle douceur et quelle force il ac-
complirait son sacrifice. Transi de froid à la suite
du long voyage qu'il venait de faire en voiture,
le prisonnier se chauffait dans la loge du
concierge. Un commissaire du Directoire près
le tribunal entra et, le tutoyant, lui demanda
qui il était. — M. Musart répondit qu'il était
un prêtre catholique. — Un prêtre ! s'écrie le
commissaire, je boirais avec plaisir le sang du
dernier prêtre. Ce sont les prêtres qui, dans
tous les temps, ont fait le malheur du genre
humain. Au reste, ajouta-t-il, tu auras à faire à
un tribunal respectable. — Mon juge est au ciel,
répondit simplement M. Musart. — Le commissaire ne sut que répondre et sortit, mais les
témoins de cette scène furent touchés de la
modération du prêtre et prévenus en sa faveur.

placement qu'elle occupait fait partie de la propriété
de Mme Pommery et du Lycée. La rue du même
nom s'appelle aujourd'hui rue Vauthier-le-Noir.

Les bâtiments du grand séminaire font actuelle-
ment partie du Lycée.

8

Dès le lendemain 7 ventôse (26 février 1796), M. Musart comparut devant le Président du tribunal criminel assisté d'un greffier, pour l'instruction de sa cause. L'interrogatoire fut court ; les réponses du prévenu furent simples et droites. On croit lire une page des *Actes des martyrs*. Le procès-verbal résume l'interrogatoire en ces termes :

« Interrogé de ses noms, qualité et demeure ?

« A dit s'appeler Nicolas Musart, âgé de 41 ans,
« curé de Somme-Vesle et de Poix, domicilié à
« Somme-Vesle.

« Interrogé à quelle époque il a été condamné
« à la déportation ?

« A dit que le 4 septembre 1792 il a fait au
« directoire du district de Châlons la déclaration
« que, pour se conformer à la loi du 26 août
« 1792, son intention était de se retirer à Spire
« en Allemagne ; qu'en conséquence il lui
« a été délivré par les membres de la dite
« administration un passe-port qu'il nous a
« à l'instant représenté et dont nous avons
« ordonné la jonction aux pièces du procès,

« après avoir été paraphé par nous et par le dit

« Musart.

« Interrogé s'il s'est effectivement rendu à

« Spire, comme il en avait manifesté l'inten-

« tion ?

« A dit qu'il n'a pu se rendre à Spire, parce

« que les armées françaises environnaient cette

« ville ; qu'en conséquence il a été à Neustadt.

« Interrogé depuis quel temps il est rentré

« sur le territoire français ?

« A dit qu'il y a environ huit mois, et à

« l'époque du 15 juillet dernier, autant qu'il

« peut se le rappeler (1).

« Interrogé quels motifs l'ont déterminé à

« rentrer sur le territoire français ?

« A dit qu'ayant appris que la liberté de

« l'exercice du culte catholique était rendue,

« il avait cru pouvoir revenir en France ; qu'il

« est effectivement rentré dans la commune de

« laquelle il était précédemment curé ; qu'il y a

« été reçu à prêter le serment de soumission

(1) Nous avons vu que c'était le 31 juillet.

« aux lois de la République, et à exercer les
« fonctions de ministre du culte, en se con-
« formant aux lois de l'Etat ; que n'ayant
« pas été à même de se procurer chez l'Etranger
« la connaissance des lois de la République
« française, il en ignorait la rigueur et était
« persuadé que la rentrée des prêtres déportés
« était au moins tolérée.

« Interrogé si depuis sa rentrée il s'est
« exactement conformé à l'esprit et à l'intention
« des lois civiles relatives au culte catholique,
« et s'il n'a pas cherché à fanatiser les esprits ?

« A dit que, loin d'exciter au mépris des lois,
« tous ses efforts et ses discours ont eu pour
« but de les faire respecter, et qu'il est certain
« que tous les citoyens de la commune qu'il a
« habitée lui rendront ce témoignage.

« Interrogé s'il a été engagé par quelqu'un
« à enfreindre ce bannissement ?

« A dit que non.

« Interrogé si, aussitôt sa rentrée en France
« il s'y est montré publiquement, ou s'il ne s'est
« pas tenu caché ?

« A dit qu'étant arrivé dans la commune de
« Somme-Vesle, dans les premiers jours du
« mois d'août, il s'est retiré chez sa mère et
« que, bien loin de se cacher, il s'est présenté
« quelques jours après au greffe de la munici-
« palité, pour y faire la sonmission dont il a
« ci-dessus parlé.

« Représentation à lui faite de la liste des
« émigrés et déportés du département de la
« Marne, et interpellé de déclarer si le dernier
« nom de la lettre M inscrit sur la dite liste,
« page 13 est le sien ?

« A dit que Oui.

« Lecture à lui faite du présent interroga-
« toire, a dit ses réponses en icelui contenir
« vérité, qu'il y persiste, en approuve la
« rédaction et a signé avec nous et le principal
« commis-greffier, les dits jour et an (1). »

(1) Signé : Musart, de Saint-Genis, et Garnier,
principal commis au greffe. — L'original de ce
procès-verbal est déposé aux archives du Palais
de justice de Reims. — Il a été publié le 12 janvier

Le procès-verbal de l'interrogatoire fut communiqué le jour même au Commissaire du Directoire exécutif, Thuriot, et à l'accusateur public qui ordonna, dès le lendemain 8, la mise en jugement.

Quelques jours étaient nécessaires pour la vérification des pièces et pour l'assignation des témoins ; M. Musart passa ces quelques jours en prison.

Il n'eut d'abord, malgré son état de maladie et le froid de la saison, qu'un peu de paille pour lit, avec une mauvaise couverture. Comme on était en carême, il voulut observer le jeûne dans toute sa rigueur. Il y aurait même ajouté ses mortifications habituelles et se serait contenté de pain et d'eau, si une parente qui était venue le rejoindre à Reims ne s'y fût opposée. C'était cette même Nicole Coyon qui l'avait caché dans sa maison à Somme-Vesle, et qui avait obtenu la

1884, dans la *Semaine Religieuse* de Châlons, sur une copie faite par M. Hatat, ancien archiviste du département.

permission de l'assister dans sa prison. Il souffrait avec peine qu'elle lui procurât du feu, et répétait souvent qu'elle le traitait trop bien pour un prisonnier. Ses journées se passaient dans la prière, la méditation de l'Ecriture sainte et la lecture des livres de piété.

Quelques jours avant l'arrivée de M. Musart la Providence avait amené dans la prison de Bonne-Semaine un jeune prêtre qu'elle destinait au rôle d'historien du vénérable martyr. C'était l'abbé Loriquet (1), originaire d'Epernay, émigré en 1791 après avoir refusé le serment schismatique, et qui avait été arrêté à Anvers le 10 février précédent. La communauté d'infortune et une mutuelle estime unirent aussitôt les deux prêtres qui se lièrent d'une étroite affection.

Avec eux se trouvait emprisonné un jeune émigré, Louis-Joseph d'Eu-Montigny (2), qui

(1) Jean-Nicolas Loriquet, né à Epernay le 5 août 1767, mort à Paris le 9 avril 1845. Voir ce que nous en avons dit dans l'Introduction.

(2) Louis-Joseph d'Eu-Montigny, né en 1773, à Chavanges, département de l'Aube.

leur dut le bienfait d'une mort chrétienne.
Emmené malgré lui en émigration, il avait été
empêché par la maladie de rentrer à temps. Il
avait ensuite servi la France pendant trois ans,
et, reconnu comme émigré, n'en avait pas moins
été jeté en prison. Quand il eut entendu la
sentence qui le condamnait à mort, le malheureux jeune homme s'abandonna à un violent
désespoir ; il maudissait ses bourreaux et ne
songeait nullement à se préparer au redoutable
passage. Les deux prêtres, après le premier
moment d'exaspération passé, s'efforcèrent de
le calmer et de le ramener à Dieu. Ils y réussi-
rent à ce point que M. d'Eu-Montigny en vint
à se confesser, à pardonner à ses bourreaux, et
à accepter chrétiennement la mort. Le matin de
son exécution, il écrivit à sa sœur : « Au
moment où vous recevrez cette lettre, votre
frère n'existera plus. Il était aussi facile au
commissaire du Directoire, Thuriot, de me
soustraire à la mort, qu'il lui a été facile de me
faire condamner ; mais je lui pardonne de tout
mon cœur, ainsi qu'à ceux qui se sont faits les

exécuteurs de ses ordres. J'ai tout oublié par esprit de religion : Je vous prie de faire de même, et de ne conserver aucun ressentiment. » Il marcha ensuite à la mort d'un pas ferme, ayant obtenu de ne pas monter dans la charrette commune. Il monta à l'échafaud avec la même fermeté, et mourut, dit l'abbé Loriquet, avec la résignation d'un chrétien et le courage d'un héros.

M. Musart eut aussi la triste consolation de voir arriver à la prison M. Baty, curé de Moivre, qui était revenu avec lui d'Erfurt, et qui venait, à son tour, d'être arrêté, pendant qu'il exerçait en secret le saint ministère. Il aurait dès lors prédit à son ami, M. Baty l'a toujours affirmé depuis, qu'il ne mourrait pas et qu'il verrait s'ouvrir devant lui les portes de la prison. Nous verrons comment cette prédiction, si l'on veut lui donner ce nom, fut vérifiée dans la suite.

Bientôt le nom de M. Musart se répandit dans la ville. On parlait des vertus du curé de Somme-Vesle, de son exil, de l'affection qu'il portait à ses paroissiens, pour lesquels il s'était ainsi exposé à la mort. Beaucoup voulurent le voir. M. Musart se prêtait avec une charité toute chrétienne à ce pieux empressement. Il accueillait tout le monde, parlait à chacun, et laissait les visiteurs émerveillés et attendris de l'avoir trouvé si calme, si plein de foi et de courage. Son humilité souffrait bien parfois de la vénération qu'on lui témoignait, et des titres de martyr et de confesseur de la foi qu'on lui donnait ; mais il en renvoyait à Dieu toute la gloire, et attribuait aux prières des fidèles la résignation qu'on lui voyait.

Ces soins de toute sorte ne faisaient point oublier à M. Musart ses paroissiens de Somme-Vesle et de Poix. C'était pour eux qu'il était rentré en France, pour eux qu'il allait mourir ; il se sentait pressé de leur rappeler encore une fois les enseignements de toute sa vie, de les consoler dans l'épreuve présente, de les affer-mir pour l'avenir. Le 7 mars, il écrivit aux jeunes filles de Somme-Vesle et de Poix une lettre admirable dans laquelle, s'oubliant lui-même, il ne songeait qu'à les encourager et à les soutenir. Par leur intermédiaire, il s'adressait à tous ses paroissiens, leur témoignant la plus tendre affection, les adjurant de rester fermes dans la foi et fidèles à Dieu.

« Reims, le 7 mars 1796.

« Je vous écris, mes chères filles, dans
« l'effusion de mon cœur, pour la plus grande
« gloire de Dieu. Vivent les sacrés Cœurs de
« Jésus et de Marie ! Que nos âmes soient
« toujours embrasées de l'amour de Dieu le
« plus ardent ! Que Dieu le Père et Jésus-Christ
« Notre-Seigneur vous donnent la grâce, la
« paix et la miséricorde en ce monde, et vous
« couronnent dans l'autre ! C'est là mon vœu
« le plus ardent, et la grâce que je ne cesserai
« jamais de demander au Seigneur pour vous
« et pour tous mes chers paroissiens, que j'aime
« si tendrement en Jésus-Christ. Ils sont tous
« gravés dans mon cœur ; éternellement ils
« seront l'objet de ma sollicitude. Je ne suis
« séparé d'eux que de corps : mon esprit sera
« toujours au milieu d'eux. J'en suis conti-
« nuellement occupé, ainsi que de tous les

« fidèles catholiques des autres paroisses qui
« me connaissent, et aux prières desquels je
« me recommande, comme je prie moi-même
« pour eux. Je sens leurs peines à tous ; je sens
« aussi vivement les vôtres, mes très chères
« filles : je voudrais pouvoir les adoucir ; ce
« serait la consolation la plus douce que je
« pusse éprouver.

« Notre réunion, après une séparation de
« plus de trois ans, avait rempli vos cœurs de
« joie. Peut-être était-elle trop sensible, votre
« joie, peut-être vous y attachiez-vous trop.
« Mais voilà que le Seigneur nous sépare
« encore une fois, et nous met à une seconde
« épreuve. Il nous fait passer de nouveau par
« le creuset des tribulations ; il nous prive des
« joies sensibles pour nous engager à n'en
« rechercher que de solides et d'éternelles. Que
« sa sainte volonté, en la juste épreuve où il
« nous met, nous tienne lieu de toute consola-
« tion. Il ne sera pas toujours irrité contre son
« peuple fidèle : ses menaces ne seront pas
« éternelles. Il nous châtie en père ; adorons-le,

« aimons-le comme des enfants soumis. Ne le
« bénissons pas moins lorsqu'il nous afflige que
« lorsqu'il nous console. Nous semons dans les
« larmes ; nous moissonnerons dans la joie. Si
« nous souffrons avec Jésus-Christ nous régne-
« rons avec lui.

« Pleins de cette espérance, prenons courage,
« mes chères filles. Jésus-Christ nous traite
« comme il traite ses amis, ses favoris, ses
« élus ; comme il a traité ses Apôtres, ses
« Martyrs, et presque tous les Saints. Je
« regarde mon état comme la plus grande grâce
« qu'il puisse me faire. Remerciez-le avec moi ;
« et, comme moi, priez pour ceux qui m'ont fait
« tant de bien, en voulant me faire de la peine.
« Je leur pardonne de tout mon cœur ; je prie
« le Seigneur de leur pardonner ; et s'il veut
« me retirer de ce monde et me placer parmi
« ses élus, comme je l'espère fermement,
« je les recommanderai encore à sa miséri-
« corde.

« Souvenez-vous, mes enfants, mes chers
« paroissiens, que notre séparation ne doit pas

« être longue : nous devons tous nous réunir
« dans le ciel si nous vivons chrétiennement.
« Efforcez-vous de marcher sur mes traces,
« comme j'ai tâché de marcher moi-même sur
« celles de Jésus-Christ. Mon exemple vous
« apprend qu'un pasteur catholique, tenant
« dans ses mains et portant dans son cœur
« l'Evangile de Jésus-Christ, peut bien être
« persécuté, dépouillé de ses biens, chassé et
« mis à mort, mais qu'il ne peut être vaincu.
« Mes faibles bras peuvent plier sous les
« chaînes de l'oppression, mais ma conscience,
« plus dure que le fer, n'obéira qu'à Dieu seul,
« comme je l'espère de sa grâce. Faites-en de
« même, s'il le faut, rendez à Dieu amour pour
« amour, sang pour sang, vie pour vie : le ciel
« doit en être le prix. Si la peine vous effraie,
« que la récompense vous anime.

« Souvenez-vous de la sainte doctrine que
« je vous ai enseignée. Lisez souvent l'ancien
« et le nouveau Testament, l'Imitation de Jésus-
« Christ, les vérités de la Religion et l'Instruc-
« tion des jeunes gens ; vous y trouverez les

« avis que je pourrais vous donner. N'aban-
« donnez pas le Seigneur, il ne vous abandon-
« nera pas. Vivez aussi bien, et mieux encore,
« s'il est possible, en mon absence, que quand
« j'étais au milieu de vous. Glorifiez et portez
« Dieu dans vos corps. Répandez partout,
« par votre conduite, la bonne odeur de Jésus-
« Christ. N'ayez tous ensemble qu'un cœur et
« qu'une âme. Supportez-vous dans vos défauts
« et vos imperfections ; aidez-vous et vous
« soulagez mutuellement.

« Vous connaissez mes intentions, mes très
« chères filles. Si Dieu me retire de ce monde,
« faites ce que je vous ai proposé pour la gloire
« de la Religion et le soulagement des pauvres.
« Dieu saura vous faire trouver toujours des
« pasteurs catholiques. Si vous ne recevez que
« difficilement les sacrements, vous devez être
« plus attentives à prendre garde de ne pas
« offenser Dieu. Je vous prie en particulier,
« vous, ma fille, à qui j'adresse la présente (1),

(1) Mlle Huet.

« d'avoir soin d'élever chrétiennement les
« enfants, de regarder toutes les âmes pieuses,
« toutes vos bonnes compagnes comme vos
« filles, et de me remplacer auprès d'elles. Je
« les prie de vous regarder comme leur mère,
« et de faire en tout comme si j'étais encore
« avec vous. Consultez-vous avec celles de Poix
« pour faire toutes ensemble ce que vous
« croirez le mieux : faites-leur part de la
« présente.

« Ayez toujours une grande dévotion aux
« sacrés Cœurs de Jésus et de Marie : c'est
« dans ces Cœurs sacrés, et au pied de la croix,
« que nous devons souvent nous réunir en
« esprit.

« Soyez encore pleines de dévotion pour
« la confrérie du très-saint Sacrement et pour
« celle de la Sainte-Vierge. Travaillons à
« mourir de la mort des justes. Prions pour
« nos ennemis ; rendons-leur le bien pour le
« mal.

« Je vous recommande à Jésus-Christ et à
« sa sainte grâce, et suis, avec une tendresse

« paternelle, mes très chères filles en Jésus-
« Christ.

« Votre pasteur, Musart,
« *Curé de Somme-Vesle et Poix.*

« Lisez de temps en temps les avis que je
« vous donne, et les mettez en pratique. Je
« vous recommande ma très chère mère. »

Pendant les deux jours qui suivirent,
M. Musart, se rendant à la prière des deux
prêtres détenus avec lui, consentit à faire
composer un court mémoire justificatif. Le
mercredi 9 mars, au soir, on lui annonça qu'il
serait jugé le lendemain, et on ajoutait qu'il y
avait tout à craindre : « Ma confiance est en
« Dieu, répondit-il ; s'il permet que je sois
« condamné, il me donnera les forces néces-
« saires pour faire généreusement mon
« sacrifice. »

On avait, en effet, terminé promptement les
formalités préliminaires. Le 10 mars, à dix
heures du matin, après avoir communié avec
une hostie apportée en cachette du dehors,

M. Musart comparut devant le tribunal criminel séant au Séminaire.

Les membres du tribunal criminel de la Marne appartiennent au domaine de l'histoire. Le président était Jean-Joseph de Saint-Genis ; les juges : Laurent Pellerin, Simon-Pierre Moreau, François Drouot, Nicolas-Louis Jouvant, Jean-Louis Boullanger ; les accusateurs publics : Faciot et Maquenna ; le commissaire du Directoire exécutif : Jacques-Alexis Thuriot de la Rosière. Le conventionnel Thuriot, dans le procès de Louis XVI, avait voté pour la mort, contre l'appel au peuple et contre le sursis à l'exécution. Il venait de contraindre les juges à prononcer l'arrêt de mort de M. d'Eu-Montigny ; la présence d'un tel homme à Reims justifiait toutes les appréhensions et ne permettait pas de douter de l'issue fatale du procès.

La procédure à suivre, dans les jugements de prêtres déportés et d'émigrés, était d'une redoutable simplicité. Elle plaçait le prévenu, presque sans défense, en face d'une loi implacable. En aucun cas il ne devait être jugé par un jury. La constatation de son identité et de sa non-radiation de la liste des déportés ou des émigrés était seule requise : la sentence rendue était sans appel.

Cinq témoins avaient été appelés de Somme-Vesle : trois d'entre eux étaient parents du prévenu. Les larmes aux yeux, ces pauvres gens déclarèrent qu'ils reconnaissaient M. Musart pour leur ancien curé, absent pendant trois ans, puis rentré à Somme-Vesle en 1795.

L'accusateur public prit la parole. Après lui, et avec une violence de langage digne des plus mauvais jour de la Terreur, Thuriot rappela les lois et décrets rendus contre les réfractaires ; parla du fanatisme que les prêtres rentrés en France réveillaient de toutes parts ; de la né-cessité de s'oppser à ces tentatives criminelles, et termina par un appel aux lois de sang dont il réclamait l'application rigoureuse.

M. Musart fut alors admis à présenter sa défense. Il le fit d'un ton qui contrastait sin-gulièrement avec celui de son accusateur.

Simplement, mais avec dignité et d'une voix assurée, il lut le Mémoire dont nous avons parlé (1). Ecartant toute récrimination inutile, le Mémoire examinait, dans une discussion rigoureusement juridique, les lois que l'on opposait à M. Musart. Ces lois étaient celles du 12 floréal et du 20 fructidor an III. Il s'attachait à démontrer que la première n'était pas applicable au prévenu, ayant été abrogée par la seconde. La seconde ne pouvait pas davantage lui être appliquée, puisqu'il n'avait pas été banni, et que ceux-là seuls qui avaient été bannis et étaient rentrés pouvaient, aux termes

(1) Ce Mémoire dont le P. Loriquet ne donne qu'une analyse inexacte a été retrouvé à Somme-Vesle chez une petite-nièce de M. Musart. Il est d'une écriture fine et serrée. L'emploi de certains termes techniques, la connaissance qu'il suppose des différentes lois, la subtilité des distinctions portent à croire que ce Mémoire est l'œuvre d'un homme de loi travaillant sur les renseignements fournis par M. Musart. — Nous le donnons parmi les pièces justificatives, sous le n° 4.

de la loi, être assimilés aux émigrés et traités comme tels. Or c'était en vertu de cette loi qu'il avait été arrêté et qu'il était jugé.

Le Mémoire alléguait encore un fait récent. L'abbé Gillet, curé de Saint-Pierremont, avait été déporté et était rentré en France. En vertu de la loi du 20 fructidor, on l'avait simplement reconduit à la frontière (1). Le fait était vrai ; l'assimilation évidente. Les juges passèrent outre. Il est à croire cependant que cette lecture avait jeté des doutes dans leur esprit et augmenté leurs hésitations. Tous étaient des hommes connus pour leur honnêteté et la modération de leurs opinions, mais ils étaient dominés par le commissaire du Directoire. Sans doute ils durent éprouver au fond de leur

(1) Jacques Gillet, prêtre, curé de Saint-Pierremont au diocèse de Reims, avait soixante ans moins trois mois au mois de septembre 1792. Il avait dû néanmoins s'exiler et était allé à Liège. Rentré en France au mois de Brumaire an IV, il avait été arrêté et reconduit à la frontière.

âme de douloureuses angoisses : la vertu de M. Musart leur était connue ; son innocence au regard de la conscience ne faisait doute pour personne ; sa culpabilité au point de vue de la loi n'était rien moins qu'évidente. Mais Thuriot était là, devant qui tout tremblait, et qui mettait tout en œuvre pour empêcher sa proie de lui échapper. La fatale sentence fut rendue après une délibération qui n'avait pas duré moins de deux heures et demie.

M. Musart avait passé tout ce temps sans perdre son sang-froid et sa paix ordinaire. Il conversait tranquillement avec les personnes qui l'entouraient. Les assistants ne pouvaient assez admirer ce calme dans une circonstance si critique. Ceux-là seuls le comprenaient qui savaient à quelle source le puisait M. Musart, et quelle force surnaturelle Dieu peut donner à ses saints.

Enfin les juges reparurent au tribunal, et le président prononça la sentence d'une voix tremblante et entrecoupée. Après avoir rappelé les déclarations des témoins et cité les nombreux

textes de loi allégués par l'accusateur public, il
s'exprima ainsi :

« Par jugement en dernier ressort et sans
« recours au Tribunal de cassation,

« Le Tribunal criminel séant à Reims
« condamne, en exécution des lois précitées
« et dont il a été fait lecture, Nicolas Musart,
« ex-curé de Somme-Vesle, à la peine de mort ;
« déclare ses biens acquis et confisqués au
« profit de la République.

« Ordonne que le présent jugement sera mis
« à exécution sur la place publique de cette
« commune à ce destinée, et ce, dans les vingt-
« quatre heures, et à la diligence du commis-
« saire du Pouvoir exécutif près les tribunaux
« civil et criminel du département ; qu'il sera
« imprimé au nombre de cent exemplaires, et
« affiché dans toute l'étendue du départe-
« ment (1). »

(1) L'un de ces exemplaires a été retrouvé à
Châlons. Nous donnons le texte du Jugement aux
Pièces justificatives, sous le n° 5.

A ces mots : *la peine de mort*, M. Musart
s'était levé transporté de joie, et s'était écrié
comme saint Cyprien devant le proconsul
Galère-Maxime : *Deo gratias,* paroles qu'il
avait répétées trois fois. Dès que la lecture fut
achevée : « Messieurs, dit-il aux juges, je vous
« pardonne ma mort. La première chose que je
« ferai auprès de Dieu sera de le prier qu'il
« daigne vous ouvrir les yeux. » Il eut ensuite
quelque scrupule d'avoir ainsi parlé aux juges,
et chargea quelqu'un de leur assurer que son
intention n'avait point été de rien dire qui pût
les offenser ou leur faire de la peine.

M. Musart reprit alors le chemin de la prison,
au milieu d'une multitude de spectateurs
attendris et consternés. Pour lui, d'un air plus
ouvert et plus affable que jamais, il les saluait
amicalement et se recommandait à leurs prières.
Arrivé dans la chambre où l'attendaient ses
deux confrères et plusieurs personnes du dehors,
il les fit mettre à genoux et récita avec eux le
Te Deum, « en action de grâces, disait-il, de
« l'insigne faveur que le Ciel lui préparait. »

Dans l'après-midi il reçut les derniers adieux
des cinq témoins qui avaient été appelés à
constater l'identité de sa personne. Il les
consola, les exhorta à persévérer dans la foi
qu'il allait sceller de son sang, et leur promit
de ne pas les oublier auprès de Dieu. Ils le
quittèrent fondant en larmes, et déplorant la
perte d'un si bon pasteur.

VII

LA MORT.

L'empressement des fidèles à visiter
M. Musart redoubla après sa condamnation (1).
On le regardait déjà comme un martyr, et
chacun voulait se prosterner à ses pieds et
recevoir sa bénédiction. Ainsi la prison de
Reims voyait se renouveler ces admirables
scènes des premiers siècles de l'Eglise, où les
chrétiens visitaient les martyrs dans les cachots

(1) Nous empruntons au P. Loriquet les détails
de ce chapitre, et souvent même sa propre narra-
tion. Nous ajouterons à son témoignage celui d'un
témoin oculaire, Madame Baudemont.

pour les consoler, les encourager et mériter une part dans leurs prières.

La nuit vint ; après une légère collation, M. Musart se coucha, et il dormit d'un sommeil aussi tranquille qu'à l'ordinaire. A quatre heures et demie du matin il se leva, et resta en prières jusqu'à sept. On lui apporta alors du dehors la sainte communion comme on avait fait les deux jours précédents.

Un témoignage précieux, celui de madame Baudemont, religieuse de Sainte-Claire du monastère de Reims (1), nous a conservé les détails de ces dernières heures de M. Musart. Nous lui en empruntons le récit :

(1) Mme Anne Baudemont était religieuse professe du monastère de Sainte-Claire de Reims. Les bâtiments de ce monastère sont occupés aujourd'hui en grande partie par les Sœurs du Bon Pasteur. Mme Baudemont fut chassée de son couvent ainsi que les autres religieuses le 3 septembre 1792, pendant le massacre de M. Paquot, curé de Saint-Jean de Reims. Elle a écrit une lettre et un compte-

« J'ai vu M. Musart dans la prison avant et après son jugement qui le condamnait à la mort. Le jour même de sa mort, le matin, j'étais avec lui ; je l'ai vu communier, faire son action de grâces, à sept heures du matin. Deux de ses confrères disaient leur bréviaire. J'admirais dans M. Musart son calme ; sa paix, sa joie, sa piété, tout parlait en lui. Quand un temps raisonnable se fut écoulé après la communion, il me dit : « Permettez, madame, « que j'aille écrire un mot à ma mère pour lui « faire mes adieux. »

« Il passe dans une place à côté. Un moment après, je vais l'y trouver, pour lui demander sa bénédiction, dans la crainte, plus tard, de l'échapper. Il se lève, et les yeux vers le ciel, il me dit : « Tantôt, madame, quand je serai

rendu concernant M. Paquot, M. Suny, curé de Rilly-la-Montagne, et M. Musart. Ces documents sont conservés aux archives de l'Archevêché de Reims, où ils nous ont été communiqués par M. le Chanoine Bussenot, vicaire général, secrétaire général de l'Archevêché.

« dans le ciel, je prierai pour vous. Soyez
« fidèle dans l'amour de Jésus-Christ. Il sera
« votre récompense, et vos désirs seront
« accomplis. Vous serez mère d'une nom-
« breuse famille. Dieu vous réserve à travailler
« pour sa gloire. Attendez le moment du
« Seigneur » (1). Il me donna sa bénédiction
de toute son âme et me permit de lui baiser
les pieds. »

Madame Baudemont s'étant alors retirée,
M. Musart écrivit à sa mère. Il fallait lui
annoncer la terrible nouvelle et lui faire accepter le sacrifice que Dieu demandait. L'héroïque
martyr traça d'une main ferme ces lignes

(1) Cette sorte de prophétie se vérifia dans la
suite. La sœur Anne Baudemont devint supérieure
des Dames de l'Instruction chrétienne d'Amiens, à
la maison-mère de l'Ordre. Nous l'y trouvons en
1802 et elle y était encore en 1813. (Lettre originale
aux arch. de l'Archevêché de Reims). Elle fut
ensuite envoyée à Rome, « où elle eut jusqu'à sa mort,
dit le P. Loriquet, une nombreuse famille à gou-
verner. »

admirables où la tendre affection du fils n'a
d'égale que la ferme foi du chrétien (1).

« Reims, à la prison, le 11 mars
matin, 1796.

« A Dieu (2), ma chère et tendre mère, à Dieu.
« Je vous écris pour la dernière fois. Il faut
« mourir. Je suis condamné au tribunal des
« hommes. Dans quelques heures je ne serai
« plus de ce monde. Mais consolez-vous ;
« bientôt nous nous réunirons dans le Ciel,
« comme je l'espère fermement. Je vais vous
« préparer la place ; plein de confiance en la
« divine miséricorde, j'espère être du nombre
« des élus. A ce prix la mort est un gain pour
« moi : elle l'est aussi pour vous. La première
« grâce que je demanderai au Seigneur pour
« vous, c'est la persévérance dans son saint

(1) L'original de cette lettre a été retrouvé à
Somme-Vesle. Nous avons pu ainsi en rétablir le
texte qui avait été légèrement altéré et arrangé dans
l'imprimé de 1796 et dans l'ouvrage du P. Loriquet.
(2) En deux mots dans l'original.

« amour, et que, quand le moment sera venu,

« il vous fasse mourir de la mort des justes

« pour nous revoir et nous réunir dans la

« céleste patrie. Je meurs pour ma Religion :

« c'est là ce qui met le comble aux grâces que

« le Seigneur m'a faites jusqu'à présent ; c'est

« celle qui couronne toutes les autres. Estimez-

« vous heureuse d'avoir un fils qui meurt pour

« la même religion pour laquelle sont morts les

« apôtres et un nombre infini de martyrs.

« Remerciez le Seigneur de ce bonheur et de

« cette faveur. Je ne vous serai pas moins utile

« dans le ciel que sur la terre.

« A Dieu aussi, mes chers frères et sœur,

« neveux et nièces ; vous tous, mes chers

« parents, à Dieu.

« A Dieu encore, vous, mes très chers et

« bien aimés paroissiens, à Dieu. Nous ne nous

« verrons plus sur la terre ; nous reverrons-

« nous tous ensemble dans le ciel ? Cela dépend

« de la vie que nous aurons menée sur la terre.

« Vivez dans la piété, dans la crainte du

« Seigneur ; soyez fidèles à la religion sainte

« que j'ai tâché de vous enseigner par mes
« instructions et mes exemples ; demeurez
« fermes dans la foi de vos pères ; obéissez
« toujours à Dieu plutôt qu'aux hommes. Vous
« êtes tous l'objet de ma tendresse ; je vous
« porte tous gravés dans mon cœur. Dans
« quelques heures je paraîtrai au pied du trône
« de l'Eternel ; je vous recommanderai à sa
« miséricorde ; je le prierai d'avoir pitié de
« vous, de vous donner des pasteurs catholiques
« qui soient selon son cœur.

« Hier j'ai vu une épine de la couronne de
« mon divin Sauveur (1) ; aujourd'hui, dans

---

(1) Le monastère de Saint-Pierre-les-Dames, de
Reims, possédait, avant la Révolution, une épine
de la sainte couronne. Cette relique avait été
donnée par le roi Henri II à Renée de Lorraine,
sœur du Cardinal de Lorraine, abbesse du monastère. Le 4 septembre 1792, quand les religieuses
furent chassées de leur couvent, l'abbesse, Mme de
Thémines, emporta le reliquaire de la sainte Epine
dans une maison du Bourg-Saint-Denis, à Reims,
non loin de l'hospice de Saint-Marcout, où elle passa

« quelques moments, je verrai celui qui a été
« couronné d'épines. Je regarde ce jour comme
« le plus beau et le plus heureux de ma vie.
« Mon sort n'est point à plaindre ; il est plutôt
« digne d'envie. Ceux qui sont à plaindre sont
« plutôt ceux qui restent. Aussi ce n'est point
« la mort qui me fait de la peine, c'est de vous
« abandonner, vous tous que j'aime dans toute
« la tendresse de mon cœur. Je ne regrette la
« vie que par rapport à vous. Je crois vous
« avoir fait tout le bien qui était en mon
« pouvoir ; mon intention était de continuer.
« J'ai toujours fait mon bonheur et ma conso-
« lation de faire le vôtre.

« Aujourd'hui Dieu nous sépare l'un de

le temps de la Révolution. La sainte Epine fut
portée à M. Musart dans sa prison.

Le trésor de la Cathédrale de Reims possède
aujourd'hui la précieuse relique toujours renfermée
dans le reliquaire donné par Henri II.

(Note communiquée par M. l'abbé Bussenot,
secrétaire général de l'Archevêché de Reims.)

« l'autre, mais je vous laisse sa grâce et sa
« paix, et je vous recommande à sa miséricorde.

 « Le peu de temps qui me reste, l'affluence
« de monde qui vient nous visiter, implorer le
« secours de nos prières, m'empêche de vous
« en dire davantage. A Dieu donc encore une
« fois ; à Dieu pour la dernière fois. Je suis
« avec toute la tendresse et la sollicitude
« pastorale en Jésus-Christ,

« Votre pasteur,

« MUSART,

« *Curé de Somme-Vesle et Poix.*

« Je fais mon compliment et mes à Dieu (*sic*)
« à ma cousine Marie Joseph, à son mari et à
« tous les catholiques qui me connaissent. Je
« prierai Dieu pour eux ; qu'ils le prient pour
« moi. Je dois aussi une reconnaissance à mon
« cousin Louis Coyon et à toute sa famille ; je
« leur fais aussi mes à Dieu » (1).

____

(1) Cette lettre fut imprimée aussitôt après la
mort de M. Musart. Elle est sur une seule feuille
de format in-4°, sans indication d'éditeur. On en fit

Ce premier devoir rempli, M. Musart voulut aussi adresser à ses chères filles de Somme-Vesle un dernier adieu et leur donner ses derniers conseils. Il leur écrivit la lettre suivante :

« De Reims, à la prison,

le 11 mars 1796 (1).

« A Dieu, mes chères filles, à Dieu.

« J'ai reçu avec bien du plaisir la lettre que
« vous m'avez envoyée. C'est la dernière que
« vous m'écrivez et celle-ci est aussi la dernière
« que je vous écris ; nous ne nous reverrons
« plus sur la terre. Vivez de manière que nous
« puissions nous voir et nous réunir dans le
« ciel.

à Reims, à Somme-Vesle et dans les environs de nombreuses copies manuscrites dont quelques unes existent encore. Chaque année, au service commémoratif du 11 mars, à Somme-Vesle, on la lisait en chaire.

(1) Cette lettre, qui n'est pas dans l'ouvrage du P. Loriquet, a été publiée dans la *Semaine Champenoise* du 30 mars 1867. Une ancienne copie en a été retrouvée dernièrement à Châlons.

« Profitez des avis que je vous ai donnés
« dans une lettre écrite il y a quelques jours (1).
« Persévérez dans les heureux sentiments qui
« vous animent ; encouragez-vous, affermissez-
« vous les unes les autres. Je vais consommer
« mon sacrifice : Dieu en soit mille fois béni !
« Je suis à la fin de ma course ; je vais me
« réunir à la cour céleste avec la sainte Vierge,
« les anges, les saints et tous les bienheureux,
« comme je l'espère de la divine miséricorde.
« Sous cet aspect, mon sort n'est point à
« plaindre.

« Puisque Dieu veut nous séparer, je ne vous
« oublierai pas auprès du Seigneur. Au nombre
« des élus, comme je l'espère, je ne vous serai
« pas moins utile que sur la terre. Je donne
« ma vie pour mes brebis : puisse-t-elle pro-
« curer la conversion des pécheurs, l'affermis-
« sement des faibles et la persévérance des
« justes ! Je les aime tous et je les recommande
« tous à Dieu et à sa sainte grâce. Je pardonne

(1) Lettre du 7 mars précédent, p. 65.

« à tous mes ennemis et à tous ceux qui pour-
« raient avoir quelque chose à se reprocher à
« mon égard. Je demande aussi moi-même
« pardon à ceux à qui je pourrais avoir causé
« quelque peine ou quelque désagrément, mais
« je les assure que si je leur ai manqué je ne
« l'ai pas fait exprès ; je n'ai jamais eu dessein
« de faire de la peine à personne.

« Je suis bien édifié de la patience de ma
« chère Perrette dans les cruelles douleurs
« qu'elle ressent. Cela ne me surprend pas.
« Qu'elle ne s'inquiète pas de se voir privée de
« la consolation des sacrements. La patience
« dans ses douleurs et le désir ardent qu'elle
« témoigne de recevoir son divin Sauveur lui
« tiendra lieu de tout. Je lui fais mille compli-
« ments et *je ne l'oublierai pas auprès de*
« *Dieu* (1).

« Je viens de recevoir notre divin Sauveur
« en forme de viatique. J'ai déjà eu la consola-

(1) Voir page 143 la guérison subite de Perrette
Coyon, le lendemain, 12 mars.

« tion de le recevoir hier et avant-hier.
« L'affluence du monde qui vient me consoler et
« me féliciter m'empêche de vous entretenir plus
« longtemps. J'ai été interrompu et obligé de
« quitter d'écrire pour recevoir le monde qui
« arrive à chaque instant comme des proces-
« sions.

« A Dieu donc, mes très chères filles, à Dieu
« pour la dernière fois. Dans quelques heures
« je vais voir Jésus-Christ. Qu'il vous comble
« de ses bénédictions. Je vous recommande à
« sa sainte grâce. Souvenez-vous de moi.
« Faites part de la présente à toutes vos
« camarades, tant de Poix que de Somme-
« Vesle.

« Je suis, en Notre-Seigneur Jésus-Christ,
« votre très affectionné pasteur,

« MUSART,

« *Curé de Somme-Vesle et Poix.* »

M. Musart passa le reste de la matinée en
oraison, souvent interrompu par la foule sans
cesse renouvelée des catholiques qui venaient

lui demander sa bénédiction et le prier de ne pas les oublier dans le ciel. Il parlait peu, dit un témoin oculaire, l'abbé Loriquet, mais ses paroles pleines d'onction et de force saisissaient tous les cœurs, et leur faisaient éprouver je ne sais quelle impression d'admiration, de joie et de tristesse tout ensemble. On voyait le feu divin dont son âme était embrasée se peindre sur son front, animer ses traits et leur donner une grâce et une sérénité plus qu'humaines.

A onze heures et demie on l'avertit que son heure approchait, et on l'invita à prendre quelque nourriture. Il y consentit, « afin, « disait-il, que son corps fût plus en état de « sentir le sacrifice qu'il avait à consommer. » Il fit ensuite réciter les prières des agonisants, auxquelles il répondit lui-même.

A peine furent-elles achevées qu'on vit paraître l'huissier chargé de le conduire à la mort. Les gardiens et les soldats se mirent à genoux devant le martyr, et lui demandèrent sa bénédiction. Il les embrassa tous avec autant de calme que de tendresse et les laissa dans un profond saisissement.

A la sortie de la chambre (1), M. Musart trouva le bourreau qui l'attendait ; il lui donna tout ce qui lui restait d'argent. Quand celui-ci lui lia les mains : « Mon ami, dit-il, serrez-« moi bien fort ; plus vous me ferez souffrir, « plus vous me rendrez conforme à mon divin « Sauveur. »

On lui coupa les cheveux qui furent précieusement recueillis par les personnes présentes (2).

Avant de partir, il recommanda encore sa mère à la parente dont nous avons déjà parlé, et voyant celle-ci sangloter et fondre en larmes :

(I) Ici, l'abbé Loriquet cesse d'être témoin oculaire, mais il a recueilli les récits de ceux qui ont vu et les a mis aussitôt par écrit. Nous continuons donc à le citer, son témoignage ayant toute la valeur d'un témoignage oculaire.

(2) Ces cheveux, arrangés en forme de croix, de couronnes, sont pieusement conservés dans plusieurs familles.

« Pouvez-vous, lui dit-il, pleurer ainsi mon
« bonheur ? J'espère être dans un quart d'heure
« auprès de Dieu : Je ne cesserai de le prier
« jusqu'à ce qu'il vous ait tous réunis avec
« moi. »

Il avait témoigné le désir d'aller à pied jusqu'au lieu du supplice. Comme on le lui refusa,
il monta sans insister dans la charrette destinée
aux criminels. La foule indignée commençait
à murmurer. M. Musart calma les esprits par
ce peu de mots : « Point de bruit, mes amis,
« point de bruit ; en cela je puis obéir à la
« loi. » Le bourreau lui enleva son chapeau,
et le vénérable patient souffrit encore cette
nouvelle ignominie sans se plaindre.

Le cortège se mit en marche vers la place de
la Couture, aujourd'hui place Drouet-d'Erlon,
où l'échafaud avait été dressé. Au moment du
départ, M. Musart entonna d'une voix ferme
le *Salve, Regina.* Sa parente, Nicole Coyou,
trouva, malgré sa douleur, la force de le
continuer avec d'autres personnes courageuses
qui escortèrent la charrette jusqu'au lieu du

supplice. Le reste de la foule suivait dans un morne silence. Si l'on excepte quelques hommes de la révolution, qui croyaient sans doute en voir renaître les jours odieux, la douleur et la consternation étaient peintes sur tous les visages. M. Musart seul, toujours semblable à lui-même, portait sur son front l'empreinte d'une joie céleste. Durant tout le trajet qui dura une demi-heure, sa bouche ne s'ouvrit que pour chanter des hymnes et des cantiques. On atteignit la place de la Couture à midi et demi.

Arrivé au pied de l'échafaud, il y monta d'un pas ferme et assuré, et s'adressant à la multitude qui l'environnait : « Chrétiens, s'é- « cria-t-il, c'est pour la religion que je meurs ; « mon corps est entre les mains des hommes, « mais mon âme est à Dieu. Je pardonne à mes « persécuteurs et à mes bourreaux. » Ayant achevé ces mots, il se laissa attacher à la planche fatale. « Je n'oublierai jamais, a écrit un témoin oculaire, Mlle Capy, la joie peinte sur son visage, comme il tenait les yeux au ciel au moment où il mit sa tête à la guillotine » (1). M. Musart entonna alors à haute voix le *Te Deum* qu'il alla achever dans le ciel. Il entrait dans sa quarante-deuxième année.

A l'instant où le couteau tomba, un cri de douleur et d'effroi s'éleva de la foule. Tous se retirèrent abattus, consternés, comme frappés d'une calamité publique. On vit les hommes les moins religieux, touchés du spectacle de cette mort, reconnaître la puissance de la religion et confesser qu'elle seule était capable d'inspirer de tels sacrifices.

« A présent, disait un homme du monde, je crois qu'il y a encore des saints » (2).

Cependant plusieurs personnes avaient songé

(1) *Compte-rendu*, aux Archives de l'Archevêché de Reims, par Mme Baudemont et Mlle Capy.

(2) Les incroyants eux-mêmes avaient été frappés de ce courage et de cette sérénité en face de la mort. Delloye, dans la *Feuille rhémoise* du 15 mars 1796, écrivait : « Il a vécu !... Sa résignation « philosophique et sa persuasion catholique dont

à recueillir le sang du martyr. Ainsi faisait, au temps des premières persécutions, la fille du sénateur Pudens, cette sainte Pudentienne, si chère à la piété châlonnaise. Une simple ouvrière, Melle Catherine, dont le nom de famille n'a pas été conservé, se chargea de cette tâche qui demandait un certain courage, et n'était pas sans présenter quelque danger. Elle s'était munie à cet effet d'un linge blanc que lui avait remis Mme Baudemont. Au moment de l'exécution, elle osa percer la foule et alla se mettre à genoux au pied même de l'échafaud. Elle pénétra sous les planches dès que le sang commença à ruisseler, et en reçut de quoi rougir le linge entier qu'elle rapporta aussitôt à la

« un scélérat n'a pas la moindre idée, ont intéressé « les honnêtes gens.

« On a vu que la mort n'est pas aussi terrible que « nous l'imaginons ; c'est un spectre qui nous « épouvante à une certaine distance, et qui dis- « parait alors qu'on vient à en approcher de bien « près. »

prison. Mme Baudemont le découpa en plusieurs morceaux qu'elle distribua aux deux prêtres compagnons de M. Musart et aux nombreuses personnes présentes (1).

Il fallait aussi savoir où l'on allait déposer le corps du martyr. Mlle Capy, une Châlonnaise, se chargea de ce soin. Elle suivit de près la charrette qui le transportait au cimetière de la Porte-Mars, et, au milieu des railleries et des insultes dont quelques misérables la chargeaient, elle recueillit aussi, comme autant de perles, les gouttes de sang qui tombaient sur le pavé. Elle vit jeter le corps, avec les vêtements qui le couvraient, dans une fosse creusée à l'avance auprès du mur ; elle remarqua avec soin le lieu précis et la situation de la fosse.

Plusieurs autres personnes les remarquèrent également. L'une d'elles prit même la précaution de graver sur le mur, à l'endroit de

____

(1) Un morceau de ce linge teint de sang est encore conservé à Somme-Vesle.

la fosse, le nom de M. Musart avec la date du jour et de l'année.

Ces témoignages devaient servir plus tard pour la reconnaissance et l'exhumation des précieux restes.

VIII.

LES PRÉCIEUX RESTES.

Faits extraordinaires attribués aux mérites de **M**. Musart. — Premières tentatives d'exhumation. — Petite portion du corps à Châlons. — Le premier service anniversaire. — L'exhumation du corps. — Précautions prises pour la conservation des précieux restes. — Translations diverses. — Envoi d'une portion des précieux restes à Somme-Vesle. — Conclusion.

Une mort si héroïque, si semblable en tout à celle des premiers martyrs confirma l'opinion que l'on avait déjà de la sainteté de **M**. Musart. D'ailleurs des faits ne tardèrent pas à se produire, qui furent regardés comme merveilleux et attribués à son pouvoir auprès de Dieu.

Nicole Coyon, cette parente dévouée que le lecteur n'a pas oubliée, avait laissé à Somme-Vesle sa sœur Perrette affligée d'un cancer au visage. Les médecins n'y trouvaient pas de remède. La pauvre malade se sentit inspirée d'écrire à **M. Musart** en la prison de Reims, et de se recommander à ses prières. « **Je ne l'oublierai pas auprès de Dieu,** » avait répondu **M. Musart** dans sa lettre du **11** mars au matin. Le lendemain de la mort du vénérable martyr, le **12** mars au matin, Perrette s'éveilla d'un long sommeil complètement guérie. Toute trace du mal avait disparu (1).

Vers le même temps, mais à une époque que nous ne pouvons préciser aussi exactement, une jeune fille de Poix, Rosalie Arnould, souffrait d'un mal d'yeux qui durait depuis plusieurs années. Elle eut recours à l'intercession de M. Musart et fut guérie. Toute sa vie elle

______

(1) La guérison subite de Perrette Coyon, de notoriété publique à Somme-Vesle, a été consignée par le P. Loriquet dans la première édition de la *Vie de M. Musart*, écrite à la prison de Reims en 1796. Nous l'avons nous-même entendu raconter par plusieurs personnes qui ont vécu avec Perrette Coyon.

attribua sa guérison au crédit du saint martyr auprès de Dieu (1).

Des grâces d'un autre ordre, purement spirituelles, furent aussi rapportées aux mérites de M. Musart. Une personne de conduite légère se convertit en lisant sa vie. Le curé constitutionnel d'Auve, village voisin, M. Delaval, lui faisait honneur de son retour à Dieu (2). Deux demoiselles calvinistes, qui se faisaient instruire des dogmes de la religion catholique, rencontrèrent par hasard une traduction allemande des pages dans lesquelles le P. Loriquet raconte la prison et la mort de M. Musart. Cette lecture

(1) Le fait nous a été attesté par Mlle Rosalie Blanchin, filleule de Rosalie Arnould, qui a vécu plusieurs années avec cette dernière.

(2) En 1803, M. Delaval assista au premier service anniversaire de la mort de M. Musart à Somme-Vesle. Il y déclara devant ses confrères qu'il devait à M. Musart la grâce de sa conversion. Après avoir fait cette sorte d'amende honorable, il refusa, par humilité, de prendre part au dîner qui suivit et se retira.

détermina leur conversion. « Nous n'avons plus besoin de preuves, dirent-elles à l'ecclésiastique qui les instruisait : parmi nous on ne fait pas à Dieu de pareils sacrifices ». Elles abjurèrent peu après, et sont restées attachées au catholicisme (1).

Enfin une prédiction faite par M. Musart dans la prison se réalisa aussitôt après sa mort.

Quelques jours avant son martyre, il avait annoncé à M. Baty, son compagnon de captivité, qu'il échapperait à la mort. La chose semblait impossible, les deux causes étant absolument semblables, et M. Baty n'ayant pas voulu nier sa qualité de prêtre déporté et rentré. L'événement, néanmoins, vérifia bientôt la prédiction. Le lendemain même de la mort de M. Musart, M. Baty fut tiré de prison par un stratagème heureux (2).

(1) Ce fait est rapporté par le P. Loriquet dans la 2ᵐᵉ édition de son livre ; malheureusement l'auteur ne cite aucun nom de pays ni de personnes.

(2) Le fait de la délivrance de M. Baty est

Ces faits, s'ajoutant à une mort vraiment héroïque, expliquent assez la vénération qui s'attacha promptement à la mémoire de M. Musart. Cette vénération allait se manifester en diverses occasions à l'égard de ses restes

ainsi rapporté par le P. Loriquet, qui en fut le témoin oculaire :

« Le lendemain du supplice de M. Musart, cinq femmes, déjà pourvues d'une permission générale d'entrer dans la prison et de pénétrer jusqu'aux cellules des prêtres incarcérés, se présentent à l'entrée de la nuit, comme pour leur apporter le souper ordinaire et quelques provisions. On les introduit sans difficulté. Arrivées près des deux prisonniers (M. Baty et l'abbé Loriquet), sur le champ elles se mettent à l'œuvre. Elles affublent M. Baty de vêtements de femme par dessus les siens, et lui couvrent la tête et presque tout le visage d'une capote semblable aux leurs.

« Le pas le plus difficile, mais le plus décisif, restait à faire. Cinq seulement étaient entrées, cinq seulement pouvaient sortir. On se recommande aux saints anges gardiens. Une des femmes reste à la place de M. Baty : celui-ci part avec les quatre

précieux. L'exhumation du corps de M. Musart et les diverses translations dont il a été jusqu'ici l'objet, sont des faits que l'historien doit noter avec un soin religieux. L'Eglise ne s'est pas prononcée encore sur ces titres de

autres, passe sans être reconnu sous les yeux du geôlier et de sa famille, arrive à la rue et se trouve libre. (Une voiture l'attendait et l'emmena promptement hors de Reims.) La ruse ne fut découverte qu'une demi-heure après, et la personne qui s'était dévouée en fut quitte pour un mois de prison, qu'elle compta pour rien. Elle se nommait Mlle Ludinart, assez connue dans Reims à cette époque par sa foi, sa piété, son courage dans les jours les plus mauvais de la Révolution. »

M. Baty, sorti de prison, reprit en secret l'exercice du saint ministère. Le registre des baptêmes de Somme-Vesle mentionne deux fois sa présence dans cette paroisse au mois d'octobre 1798. Il y venait déguisé en marchand ambulant. On se réunissait alors dans la maison de Nicole Coyon où le *missionnaire* disait la messe et administrait les sacrements. Après la Révolution, il devint curé de Rouvroy.

saint et de martyr que la voix du peuple a décernés à M. Musart ; mais il est permis d'espérer qu'elle le fera plus tard, et il importe de rassembler toutes les pièces du procès qu'elle peut être appelée à instruire un jour (1).

Une première tentative d'exhumation eut lieu le soir même du 11 mars 1796. Elle avait été formée par Madame Baudemont et plusieurs autres pieuses personnes, mais elle échoua par la faute du gardien du cimetière. Cet homme avait promis de procurer les clefs ; par crainte, sans doute, de se compromettre, il ne parut ni ce soir là ni les jours suivants.

Une autre tentative eut lieu le lendemain. Le

(1) Les faits que nous allons rapporter sont tirés de la 3ᵐᵉ édition du livre du P. Loriquet. Nous avons vu, aux archives de l'Archevêché de Reims, les pièces qui ont servi à l'éminent religieux pour la composition de son récit, et nous déclarons que ce récit leur est parfaitement conforme dans toutes ses parties.

Voir la nomenclature de ces documents aux pièces justificatives, n° 6.

12 mars à 8 heures du soir, MM. Le Court, religieux bernardin ; Baligot, chanoine régulier de l'abbaye de Saint-Jean de Soissons; Thibault, religieux prémontré, et Thibault-Renard, fabricant, se rendirent au cimetière. Ce dernier escalada la muraille pendant que ses compagnons faisaient le guet, et, à l'aide d'une truelle, se mit à fouiller la terre de la fosse. Il aurait voulu en retirer la tête du martyr, mais elle ne se trouva point à sa place naturelle. Pressé par le temps et par la crainte d'être surpris, il se contenta de couper un morceau de chair du menton qui était resté adhérent au tronc. On fit deux parts de cette portion de la dépouille mortelle de M. Musart. L'une fut donnée à M. Le Court : elle est perdue aujourd'hui ; l'autre resta en la possession de M. Thibault-Renard qui consentit, en 1828, à la céder à Mgr de Prilly, évêque de Châlons. Elle est conservée à l'évêché (1).

(1) Mgr Sourrieu, évêque de Châlons, a permis, à l'occasion de la publication du présent livre,

On dut s'en tenir pour le moment à ces deux
tentatives. Il fut même impossible, le 11 mars
1797, de fêter avec quelque solennité l'anniversaire du martyre ; la situation politique ne
permit pas d'y songer. Il n'en fut pas de
même en 1798. Tout paraissait calme et
tranquille. Pour plus de sûreté, néanmoins, on
choisit pour la cérémonie de l'anniversaire l'un
des oratoires les moins fréquentés et les moins
connus, celui de Mlle Catherine, cette courageuse
ouvrière que nous avons vue recueillir, sous

l'ouverture du coffret envoyé de Reims le 22 janvier
1828. L'ouverture a été faite en présence de M. Musart,
vicaire général, de M. Harrer, Secrétaire général,
et de l'auteur.

La portion de peau desséchée a été retrouvée en
parfait état de conservation. Elle reposait sur un
petit coussinet de velours grenat, retenue par un
fil de soie.

Le coffret renfermait la lettre d'envoi de M. Hulot,
Vicaire général de Reims, et un certificat d'au-
thenticité écrit tout entier de la main de M. Thibault-
Renard. Nous donnons ces deux documents aux
Pièces justificatives, n° 7.

l'échafaud, le sang du martyr. On y célébra une
messe d'actions de grâces en se conformant aux
prescriptions de l'Eglise, relatives aux saints
non encore reconnus par l'autorité pontificale.
L'abbé Loriquet, sorti de prison depuis sept
mois (1), prononça le panégyrique de M. Musart.
Cet honneur était bien dû au compagnon de
captivité du martyr et à son ami le plus cher.

L'orateur prit pour texte ces paroles de
l'Ecclésiastique : « Sa mémoire est en bénédiction parmi nous, et son nom passera de
génération en génération. » « Prier pour un
martyr, disait-il, serait lui faire injure. Fondés
sur les motifs les plus solides de la foi, sur la
parole de Jésus-Christ même, nous avons droit
de croire qu'en qualité de martyr le vénérable
Musart n'a pas besoin de nos prières, et qu'en
perdant par sa mort un de nos amis sur la

(1) L'abbé Loriquet s'était évadé de la prison de
Bonne-Semaine, avec l'aide de son frère et de
quelques amis du dehors, le 1er août 1797. Voir sa
Vie, p. 43.

terre, nous avons acquis un protecteur de plus
dans le ciel. »

Expliquant alors ce qu'est un martyr, il
ajoutait : « Voilà, chrétiens, voilà ce qu'a été
le courageux pasteur dont nous célébrons
aujourd'hui la mémoire : martyr de la foi,
puisqu'il est mort pour avoir conservé sans
tache la foi de ses pères, pour avoir résisté
aux innovations que l'incrédulité prétendait
introduire, et repoussé constamment les serments
impies qu'elle exigeait de lui ; martyr de la
charité, puisqu'il est mort pour sauver ses
chères brebis, et les préserver des ravages du
schisme et de l'irréligion ; martyr de toutes les
vertus, puisqu'il est mort pour avoir vengé
toutes les vertus des efforts incroyables que fait
aujourd'hui l'enfer pour les bannir de la
France, et, s'il était possible de l'univers
entier. » Dans M. Musart, disait-il ensuite, la
vie a été semblable à la mort, et, si le martyre
pouvait se mériter, il aurait été la récompense
et le juste prix de quarante ans de vertu. Après
avoir tracé le tableau de cette vie si pure et si

dévouée, le panégyriste arrive au terme marqué par la Providence pour l'accomplissement du plus grand des désirs de M. Musart ; celui de mourir pour le nom de Jésus-Christ.

« Le suivrai-je, dit-il, dans cette partie la plus courte, mais la plus éclatante, de sa vie ? Vous le peindrai-je dans ses derniers moments, moments si précieux pour lui, si édifiants pour nous, si glorieux pour son Dieu ? C'est ainsi que, pour ne rien omettre d'essentiel, il faudrait raconter toutes ses actions et citer toutes ses paroles. C'est ici que, pour le louer d'une manière digne de lui, il faudrait nommer toutes les vertus. Mais le temps me manque, et que pourrai-je vous dire, d'ailleurs, dont vous n'ayez été vous-mêmes les témoins oculaires ?

« N'avez-vous pas eu, en effet, aussi bien que moi, le bonheur de le voir, de l'approcher, de converser familièrement avec lui ? Ne vous êtes-vous pas vus, aussi bien que moi, comme forcés de reconnaître et d'admirer en lui les dons de la grâce les plus extraordinaires : cet esprit de pénitence et de mortification qui lui inspirait, jusque dans les fers, tant de dureté pour lui-même ; cette patience, cette douceur inaltérable qui le rendaient insensible aux injures et aux mauvais traitements ; cette humilité, cette modestie profonde qui l'obligeaient à repousser les titres glorieux de confesseur et de martyr de Jésus-Christ que nous croyons lui devoir ; cette charité compatissante, qui l'intéressait si vivement au salut des malheureux enfermés dans la même prison que lui ; cette tendresse paternelle qui lui faisait porter ses derniers regards sur un troupeau désolé et désespéré de sa perte ; le dirai-je, enfin ? Cette foi vive, cette espérance ferme, cette parfaite égalité d'âme, ou plutôt cette joie indicible avec laquelle il a vu les approches de son supplice et tout l'appareil de sa mort ! »

Deux années s'écoulèrent et des jours meilleurs commençaient à luire sur la France. Le moment était venu où l'on pouvait faire une nouvelle tentative avec plus de chance de succès. Mme Baudemont et Mlle Capy venaient de recueillir au cimetière des pestiférés quelques ossements de deux martyrs rémois, MM. Paquot et Suny, massacrés pour refus de serment dans les journées des 3 et 4 septembre 1792, quand elles se sentirent inspirées de rechercher aussi ceux du curé de Somme-Vesle. Le fossoyeur Douce, le même qui avait enterré M. Musart, consentit à prêter son concours à l'exhumation projetée. Le Conseil archiépiscopal y consentit sous la promesse du secret, et choisit six témoins, trois ecclésiastiques : MM. Gérardin, curé de Gueux ; du Bourget, chanoine de la Métropole ; Varlet, prêtre missionnaire; et trois laïques : MM. Chanteraine, Thibault-Renard et Guérin, élève en chirurgie. La nuit du 7 juillet 1800, la fosse, facilement reconnue grâce aux mesures prises en 1796, fut ouverte, et les vénérables restes exhumés avec le plus grand soin. On les enveloppa dans deux linges blancs, et Mesdames Baudemont et Capy les transportèrent, au milieu des prières psalmodiées à voix basse par leurs compagnons, dans l'oratoire secret de l'un d'eux, M. Gérard Pàté ; on chanta le *Te Deum* et d'autres cantiques d'actions de grâces, et l'on se sépara.

Les jours suivants, plusieurs des personnes que nous avons nommées allèrent à diverses reprises renouveler les fouilles, pour recueillir de petits ossements qui manquaient. On porta l'attention jusqu'à passer entre les doigts toute la terre enlevée de la fosse, ce qui en fit retrouver un assez bon nombre. Enfin, le 28 du même mois de juillet, la reconnaissance des ossements recueillis fut exécutée par M. Pierret, chirurgien, en présence de MM. de Soize et Carré, vicaires-généraux, de M. Pâté père et de Madame Baudemont. On en compta cent seize qui furent tous étiquetés. Il n'en manquait qu'un petit nombre qui, par leur peu de volume, avaient échappé à toutes les recherches, ou bien encore que les trop zélés chercheurs avaient eu la dévotion de s'approprier. L'une des vertèbres cervicales, qui fut reconnue en 1827 pour être la cinquième, fut trouvée tranchée dans sa partie supérieure. C'était là que le fer de la guillotine avait frappé.

Ces formalités remplies, on célébra, le 4 août, dans l'oratoire de M. Pâté, un service solennel en mémoire de M. Musart, et on se mit en devoir d'assurer à la fois la conservation des précieux restes et celle des documents qui en attestaient l'authenticité. Les uns et les autres furent renfermés dans un coffre en bois garni de trois cercles de fer et de trois serrures. L'une des clefs fut confiée à M. Gérard Pâté chez qui le coffre demeurait en dépôt, la seconde à M. du Bourget, chanoine de la cathédrale, la troisième au Conseil archiépiscopal.

Le procès-verbal des actes de cette journée, signé par les trois vicaires généraux de Reims, rend à la mémoire de M. Musart un trop bel hommage pour que nous n'en citions pas ici quelques lignes.

« M. Musart, y est-il dit, *est mort en odeur de sainteté*, et estimé digne de recevoir un jour, de la part de l'Eglise, les honneurs de la cano- nisation. L'abondance des preuves, appuyées sur les dépositions de tant de témoins oculaires et irréprochables, nous commandait de rendre cet hommage aux vertus et à la glorieuse mort de M. Musart (1). »

. Le corps de M. Musart resta chez M. Pâté jusqu'au mois de janvier 1814. Quatre jours avant l'arrivée des Russes, on le transporta au village de Méry (2). Là, le coffre reçu par M. Pâté de Vandières, fils de M. Gérard Pâté, et par M. l'abbé Parent, ancien professeur de l'Université de Reims, fut, par eux, enfoui dans l'église, au pied de l'autel de la Sainte Vierge. Il fut tiré de cette cachette le 22 octobre 1818, et transporté, par M. Pâté de Vandières, dans la chapelle domestique de sa maison de Comtreuil (3).

En 1823, M. Hulot, vicaire général de Reims, procéda à une nouvelle reconnaissance des

(1) Cette pièce est la neuvième parmi celles conservées aux archives de l'Archevêché de Reims, Voir : Pièces justificatives, N° 6.

(2) Canton de Ville-en-Tardenois, cure d'Aubilly.

(3) Château voisin de Bouilly, canton de Ville-en-Tardenois.

vénérables restes. M. Hulot avait connu M. Musart en Allemagne et avait conservé un vif souvenir de ses vertus. Rentré en France, il avait eu connaissance du manuscrit de la *Vie de M. Musart* composé par l'abbé Loriquet dans la prison de Reims, et l'avait traduit en latin (1814). Devenu vicaire général il s'occupa, avec un soin tout particulier, de la mémoire de son ancien ami. Il fit ouvrir le coffre, et transcrivit de sa main, avec la plus scrupuleuse exactitude, les documents qu'il renfermait. Le cachet de l'archevêché fut apposé sur les deux cahiers renfermant cette transcription et chaque page reçut la signature : Hulot, vicaire général. Un troisième cahier fut ajouté aux deux premiers, renfermant des certificats originaux relatifs aux diverses translations ou autres incidents jusqu'au jour de l'ouverture du coffre (1).

Dix-huit mois plus tard, Mme Pâté de Vandières vint à mourir et la salle de la chapelle

______

(1) Ces trois cahiers sont aujourd'hui aux archives de l'archevêché de Reims.

domestique de la maison de Comtreuil dut recevoir une autre destination. Les ossements de M. Musart furent alors transportés, le 6 janvier 1825, à Reims, chez M. Loriquet, frère de l'auteur de la *Vie de M. Musart*. Le 24 septembre suivant, à la sollicitation de M. Hulot, ils furent confiés à la garde de M. Clicquot, premier vicaire de Saint-Jacques et aumônier des Carmélites. C'est là que, le 25 octobre 1827, fut faite une troisième reconnaissance des ossements du vénérable martyr. Trois docteurs qui les examinèrent minutieusement (1), tirèrent de leur examen ces deux conclusions : 1° que toutes ces différentes pièces osseuses appartenaient à un seul sujet qui avait subi le supplice de la guillotine; 2° qu'elles avaient été très soigneusement conservées, sans qu'il s'en fût égaré une seule depuis l'exhumation, malgré les diverses translations qu'on leur avait fait subir.

Cependant les pérégrinations des précieux restes n'étaient pas terminées. De la maison de

____

(1) L'examen dura six heures.

M. Clicquot ils passèrent, le 29 novembre 1827, au couvent des Carmélites de Reims. Ces religieuses, à leur tour, après les avoir cachés quelque temps en terre au mois d'octobre 1830, les cédèrent aux religieuses de l'hospice Saint-Marcoul qui les possèdent encore aujourd'hui (1).

Cependant la paroisse de Somme-Vesle, où M. Musart était né et avait exercé le saint ministère, témoigna en 1834 le désir de rentrer en possession d'une part au moins de ses

---

(1) Le coffre qui renferme les restes de M. Musart ainsi que partie de ceux de M. Paquot et de M. Suny est déposé dans une chambre du 1er étage. Son Eminence le cardinal Langénieux, archevêque de Reims, a daigné en autoriser l'ouverture à l'occasion de la publication du présent ouvrage. Cette ouverture a été faite par M. le chanoine Bussenot, vicaire général, en présence de Madame la supérieure de l'hospice et de l'auteur. Les précieux restes sont en parfait état de conservation, ainsi que les documents authentiques qui les accompagnent.

restes. Mgr de Prilly, évêque de Châlons, s'adressa, au nom des pieux paroissiens, à l'archevêque de Reims, et demanda pour eux « quelques portions de la dépouille mortelle du saint M. Musart. » M. Gros, vicaire général, après un nouvel examen, en fit détacher les douze côtes du côté gauche et les envoya à l'évêque de Châlons. Mgr de Prilly les transmit à M. l'abbé Piérette, curé de Somme-Vesle, le 17 juin 1835. Quelques années après, le vénérable évêque écrivait au curé de Somme-Vesle : « Vous avez le bonheur de posséder une partie des reliques de M. Musart et les avez déposées dans votre sacristie ; faites qu'elles soient traitées toujours avec un profond respect. Ce sont les restes d'un martyr. Mais veillez aussi à ce qu'il n'y ait point d'abus dans les hommages qu'on pourrait leur rendre. » (9 sept. 1843.)

Les paroissiens de Somme-Vesle avaient compris la valeur du dépôt qui leur était confié. La sacristie où il était renfermé devint aussitôt l'objet d'un pieux pèlerinage.

L'exposition publique n'en était point permise, mais, chaque dimanche, les fidèles se succédaient, nombreux, devant le coffret en forme de reliquaire qui contenait les ossements : on récitait là une prière composée sans doute par M. l'abbé Piérette, digne successeur de M. Musart, et dont chaque famille possédait un exemplaire (1).

Cette touchante coutume n'a pas encore tout-à-fait disparu.

En 1843, une nouvelle démarche fut tentée

(1) Nous avons sous les yeux l'un de ces exemplaires qui renferme une prière et une oraison. Voici cette dernière :

« O Dieu qui avez accordé au bienheureux mar-
« tyr, notre saint protecteur, une récompense éter-
« nelle pour le soin infatigable qu'il a pris de nous
« conduire, faites, s'il vous plaît, qu'étant déjà en
« possession d'un bien à jamais durable, il se sou-
« vienne de nos misères et nous obtienne de votre
« miséricorde la grâce d'être admis à son bonheur
« par N. S. J. C. votre Fils, qui, étant Dieu, vit et
« règne avec vous dans les siècles des siècles.
« Ainsi soit-il. »

par la municipalité de Somme-Vesle pour recouvrer, cette fois, le corps entier de M. Musart (1) ; mais elle n'obtint aucun résultat. La ville de Reims ne voulut pas se dessaisir de ce qu'elle regardait comme un précieux trésor.

Aujourd'hui, la paroisse de Somme-Vesle est encore en possession de la partie des restes qui lui a été accordée en 1835. Une première reconnaissance en a été faite le 28 février 1847 par M. Loisson de Guinaumont, vicaire général, et une seconde le 26 septembre 1887, au nom et par délégation de Sa Grandeur Mgr Sourrieu, évêque de Châlons, par M. Musart, vicaire général, membre de la famille du vénérable martyr (2).

Nous avons suivi, dans toutes les péripéties de leur exhumation et de leurs translations

(1) Lettre citée en partie par le P. Loriquet, 3e édition, p. 126. L'original est aux archives de l'archevêché de Reims.

(2) Les procès-verbaux de ces deux reconnaissances sont à Somme-Vesle.

diverses les précieux restes de **M.** Musart, et nous avons recueilli, dans leurs différentes manifestations, les témoignages de la vénération publique pour la mémoire du saint prêtre et du martyr.

Puisse cette mémoire être jugée digne un jour d'honneurs plus grands !

Puissent surtout les exemples d'une si belle vie et d'une si belle mort n'être point perdus !

« Ces mauvais jours peuvent revenir, dirons-nous avec Mgr de Prilly dans sa lettre du 12 mars 1845, et nous avons besoin de nous remettre devant les yeux les exemples de ceux qui nous ont précédés et qui ont été fidèles jusqu'à la fin. »

PIÈCES JUSTIFICATIVES

PIÈCES JUSTIFICATIVES

—

I

ACTE D'ACCEPTATION PAR LA COMMUNAUTÉ
DE SOMME-VESLE D'UNE MAISON D'ÉCOLE DONNÉE
PAR M. MUSART.

L'an 1790, le 2 mai, dix heures du matin,
nous, sous-ingénieur des ponts-et-chaussées de
la province de Champagne, préposé par le
bureau intermédiaire de l'Assemblée de Département pour recevoir consentement de la
communauté de Somme-Vesle, ou le dire
contraire, à la proposition faite par M. Musart,
prêtre, curé de ladite paroisse, d'établir à ses
frais et entretenir à perpétuité par lui ou ses

héritiers une école publique sur un terrain
dépendant de sa cure, pour lequel établissement
partie des matériaux sont à pied d'œuvre, nous
sommes transporté audit lieu où, étant à l'issue
de la messe paroissiale en présence de M. Nicolas
Arnould, maire, de Pierre Huet, procureur de
la commune, et de Jean Payart, Pierre Martin
et Nicolas Quilliet, notables, tous assemblés
au son de la cloche ainsi qu'il est d'usage, nous
avons, sur l'interpellation que nous avons eu
l'honneur de leur faire, de nous déclarer leur
intention sur ce, reçu leur adhésion la plus
formelle à ce que le dit établissement de
bienfaisance publique soit élevé par M. le curé
de Somme-Vesle sur le terrain par lui indiqué,
dépendant de sa cure, mais aux conditions
par lui énoncées dans son Mémoire ci-joint, et
notamment à celle de se conformer aux décrets
de l'Assemblée nationale relatifs à l'administration des biens ecclésiastiques, en remplaçant
au besoin le dit terrain curial pris pour
l'établissement de l'école et le logement d'une
Sœur par un autre de même valeur, ou le

paiement suivant l'estimation qui en sera faite à dire d'expert.

En foi de quoi nous avons dressé le présent procès-verbal que nous avons signé avec les représentants de la commune et M. le curé.

II.

PÉTITION DES HABITANTS DE SOMME-VESLE ET DE TILLOY.

Aux citoyens administrateurs du District de Chaalons.

Vous requiert la commune de Sommevelle qu'il vous plaise ordonner que le citoyen Nicolas Musart, ministre du culte catholique de la ditte commune, soit conservé dans l'exercice de ses fonctions, conformément à la loi qui établit la liberté des cultes.

La ditte commune vous déclare qu'elle est dans l'impossibilité de pouvoir se procurer un autre ministre du culte qu'elle professe ; elle vous déclare en outre que celui dont elle demande la conservation, a maintenu la commune dans la paix et la soumission à l'autorité publique, et qu'il a fait tous les actes de civisme qu'on a exigé de lui. La commune se croit d'autant plus fondé a vous faire cette demande qu'elle regarde ledit Musart, ministre du culte catholique dans cette commune, comme n'étant nullement compris dans la loi contre les déportés rentrés, vû que quoiqu'il se soit absenté de la commune pour obéir aux lois, il paraît certain qu'il a demeuré sur le territoire occupé par les troupes françaises, et que, même en 1793, lorsque le culte catholique était libre, il a desservi la garnison républicaine de Gheel, ce qu'il peut prouver si on le juge absolument nécessaire.

De plus il est de droit et d'usage qu'où la loi ne s'explique pas, on doit l'expliquer en faveur de celui qui serait sujet à sa peine.

En conséquence la loi qui permet générallement et indistinctement l'exercice d'un culte quelconque à tout ministre qui a fait sa soumission aux loix de la République, doit être absolument en faveur du ministre dont nous vous demandons la conservation, attendu qu'il a fait sa soumission aux loix en datte du **dix-sept** Thermidor, 3ᵉ année républicaine.

A Sommevelle, ce onze Vendémiaire 4ᵉ année républicaine.

Nous espérons, citoyens administrateurs, que, vû la demande ci-dessus, vous nous **rendrez** justice.

Salut et Fraternité.

Signé : ARNOULD, agent national.

ETIENNE Appert, maire.

QUILLIET, municipal ; François APPERT ; Joseph PÉRARDEL ; Pierre MARTIN ; Pierre HUET, notable ; Pierre MUSART ; N. MARTIN, notable ; Claude QUILLIET ; LAVAL ; Pierre HUET ; L. COYON ; Nicolas HUMBERT ; Antoine HERSENET ; N. GOBERT ; MUSART ; HUET ; J. B. L. MARTIN, municipal ; M. MUSART, notable ; Nicolas HUET ; LALLEMENT ; Nicolas HUET ; Jérôme F. MUSART ; Louis GODART ; N. QUILLIET père ; QUILLET, sécrétaire.

La commune de Tilloy se joint à celle de

Sommevelle pour conserver ledit Nicolas Musart, ministre du culte catholique, pour en faire les fonctions dans ladite commune et appuient la pétition ci-dessus.

En foi de quoi nous avons fait et signé la présente.

Signé : GÉNIN, municipal ; Louis OURY, maire ; C. TILLOY, procureur ; NICAISE ; HERMANT ; LALLEMENT fils ; COYON ; Nicolas MAUGET ; C. GODART ; Jean N. GODART ; Vincent OURY ; HUET ; N. GÉNIN.

III.

PROCÈS-VERBAL D'ARRESTATION
DE M. MUSART ET PIÈCES RELATIVES
A SON EMPRISONNEMENT

Ce jourd'hui trois ventôse l'an quatre de la
République Française, nous maréchal-des-logis
et gendarme à la résidence de Suippe, soussigné,
certifions que sur la réquisition à nous donné
par le citoyen Hennequin, commissaire du
directoire exécutif pres ladministration municipal du canton de Suippe à leffet darrêter le
nommé *Nicolas Muzart ex curé de Sommevelle
et prêtre refractaire et déporté*, qui se refugoit
dans la commune de Sommesuippe et qui cher-
choit a rallumer le fanatisme dans ladite
commune qui ny étoit desja que trop propagé et
étant informé que ledit prêtre se retiroit en la

maison du citoyen Ronet Poincenet, cabaretier audit Sommesuippe, nous y etant a linstant transporté nous parlant a une femme qui sest dite servante dudit Rosnet nous lui avons demandé sil était vrai quil y eut un prêtre refractaire réfugié en ladite maison. Nous ayant répondu que non, nous lui avons demandé à ce quelle nous fit l'ouverture des chambres dans une desquelles nous avons trouvé un particulier couché, a qui nous avons demandé ses noms, qualité et demeure et s'il avoit des papiers a nous representer a quoi il nous a repondu sappeller Nicolas Muzart ex curé de Somme-velle, que nous avons a linstant arrêté et conduit en la maison darret dudit Suippe pour être transfere en celle de Chaalons pour être traduit devant les tribunaux compétens pour être jugé suivant la rigueur des loix, pour-quoy nous avons rédigé le present proces verbal pour servir a ce que de raison Les jours et an que dessus.

Signé : COLLOT, VAISIER, PERSON
et GEORGE.

Suivent les mentions ci-après :

Il m'a été remis par le citoyen Carroy, maréchal-des-logis, le nommé Muzard, ex curé de Sommevels denommé au procès verbal ci-dessus.

Châlons le 4 ventôse 4e année Républicaine.

Signé : Jean VALLET consierge de la maison.

Il est ordonné à deux gendarmes de cette résidence de conduire demain six du present le denommé d'autre part en la maison de Justice de Reims ; les gendarmes chargés de cette conduite veilleront a ce qu'il ne puisse sevader en route et tireront un recu des remises des pièces et sont authorisés de demander une voiture et les subsistances nécessaires pour le prisonnier.

Châlons le 5 ventose 4e anné Républicaine.

Le Capitaine de la gendarmerie
nationale à Châlons.

Signé : DORIMONT.

Arrivé aux Petites Loges le 6 ventose un
prêtre prisonnier a reçu le pain pour un jour.
La voiture sera continué.

Pour le Secretaire,

Signé : VILLIN.

IV.

MÉMOIRE POUR NICOLAS MUSART,
PRÊTRE DÉPORTÉ.

Citoyens,

Qu'il me soit permis de vous mettre sous les yeux l'état de ma cause et la disposition des lois qui me concernent.

J'ai été déporté au mois de septembre 1792 et je me suis rendu dans le pays qui m'était indiqué par mon passeport de déportation. J'y suis resté jusqu'au mois de juillet 1795, époque à laquelle je suis rentré sur le territoire de la République pour me rendre dans la commune de Somme-Vesle, et bien loin de chercher à me cacher, je me suis présenté de suite au greffe de cette commune où, conformément aux lois, j'ai été expressément autorisé à exercer le ministère du culte catholique.

Je suis rentré dans les vues les plus pacifiques, et tels sont les motifs qui ont déterminé mon retour. C'était l'article 7 des *Droits de l'homme* : « Ce qui n'est pas défendu par la loi ne peut être empêché » ; or, à l'époque de ma rentrée, aucune loi ne me le défendait ; j'avais même, d'après l'entière liberté rendue au culte catholique, tout lieu de croire que la rentrée des prêtres déportés était au moins tacitement permise, puisque même les prêtres sexagénaires qui étaient dans des maisons de réclusion ont été élargis. Je n'ai donc, en rentrant sur le territoire français, fait aucune infraction aux lois de la République.

Mon seul délit serait donc de n'être pas sorti dans le délai de 15 jours fixé par la loi du 20 fructidor. Cette loi prononce que les prêtres déportés et rentrés sur le territoire de la République en seront bannis à perpétuité dans le délai de 15 jours à compter de la promulgation du décret, et traités comme émigrés s'ils rentrent sur le même territoire.

Selon la teneur de cette loi, on ne peut traiter

comme émigrés que ceux qui, après avoir été
bannis, seront rentrés sur le territoire de la
République. Or, depuis la promulgation de la
loi, je n'ai point été banni, et je ne suis point
sorti du territoire de la République. On ne doit
donc, en aucune manière, m'appliquer la dernière disposition de la loi.

On ne peut plus m'objecter la loi du 12 floréal conçue en ces termes : « Les individus qui,
ayant été déportés, sont rentrés dans le sein de
la République, seront tenus de quitter le territoire français dans l'espace d'un mois. Passé ce
temps, s'ils sont trouvés après la publication de
la loi présente sur le territoire, ils seront punis
des mêmes peines que les émigrés. »

Cette loi est entièrement abrogée par celle du
20 fructidor qui lui est postérieure. En effet,
c'est en vertu de celle-ci que j'ai été arrêté et
conduit devant le tribunal, comme il est cons-
tant par le procès-verbal de mon arrestation;
cette dernière loi est donc la seule dont les dispositions me puissent être appliquées.

Je soutiens avec d'autant plus de raison que

les peines prononcées par la loi du 12 floréal
sont abrogées, que, si elles ne l'étaient pas, ces
deux lois impliqueraient contradiction, puisque,
d'une part, la loi du 12 floréal assimile les déportés rentrés une première fois dans la République aux émigrés, et que la loi du 20 fructidor les condamne seulement au bannissement.
Ces deux lois ne peuvent donc se concilier
qu'en admettant que la loi du 12 floréal est
abrogée en ce qui ne concerne pas la loi du 20
fructidor (1).

J'invoque donc avec confiance le principe que,
dans les lois pénales, on doit suivre les dernières, surtout lorsqu'elles sont favorables aux
accusés, et qu'il faut au contraire une loi claire,
précise, et non sujette à contradiction pour
prononcer des peines capitales.

(1) En marge de ce paragraphe se trouve la note
hic, indiquant que c'était là l'argument le plus
fort.

« J'use des mots de l'art ; je mets en marge : *hic.* »
                                        (DULAURENS.)

Je pourrais même m'excuser sur l'inexécution de la loi du bannissement. En effet, par ces mots de la loi : *Ils seront bannis dans le délai de 15 jours*, il n'en résulte pas évidemment que j'étais obligé, de mon propre mouvement, de me bannir ; il semble, au contraire, que je pouvais attendre que l'on m'y contraignît, étant contre tous les principes de la loi naturelle que l'on soit en même temps et l'exécuteur et le patient.

J'observerai que le citoyen Gillet, qui était précisément dans la même espèce que moi, a été condamné par le département de la Marne à être conduit de brigade en brigade hors de la République, ce qui a été exécuté.

Ne puis-je aussi réclamer en ma faveur l'art. 237 du titre 8 de la Constitution, lequel porte qu'en matière de délits emportant peine afflictive ou infamante, nulle personne ne peut être jugée que sur une accusation admise par les jurés ? et cependant je vais être jugé sans défenseur, et sans observer cette loi de la Constitution, quoiqu'il soit évident que je ne puis être assimilé aux émigrés.

D'après ces moyens et ces différentes auto-
rités, j'attends avec confiance de votre justice
et de votre honnêteté un jugement favorable.

En note, d'une autre main :

« Défenses qui ont été faites par M. Musart,
curé des paroisses de Somme-Vesle et Poix,
lorsque le tribunal lui a rendu son infâme jugement, à Reims, le 10 mars 1796. »

V.

JUGEMENT.

AU NOM DU PEUPLE FRANÇAIS.

JUGEMENT
DU TRIBUNAL CRIMIMEL
DU DÉPARTEMENT DE LA MARNE,
SÉANT A REIMS,

Qui condamne NICOLAS MUSART, ex-Curé de Somme-Vesle, inscrit sur la liste générale des Émigrés et Prêtres déportés du Département de la Marne, à la peine de mort; déclare ses biens acquis et confisqués au profit de la République,

Conformément aux Loix des 28 Mars, 21, 23, 26 Avril et 17 Septembre 1793 (v. s.), 29 et 30 Vendémiaire, 27 Pluviôse, an 2ᵉ, 25 Brumaire, 12 Floréal, an 3ᵉ, 3 Brumaire, an 4ᵉ, à l'article CCCLXXIII de la Constitution Française, et aux articles CCCCXLV et DXCVII du Code des délits et des peines, du 3 dudit mois de Brumaire an 4.

*Du 20 Ventôse, an IV de la République Française,
une et indivisible.*

Vu par le Tribunal criminel du Département
de la Marne, séant à Reims,

Le procès-verbal dressé par le Maréchal-de-
logis et Gendarme national à la résidence de
Suippe, le 3 Ventôse présent mois, constatant
que Nicolas Musart, ex-Curé de Somme-Vesle,
a été arrêté dans la Commune de Somme-
Suippe, comme Prêtre déporté, par ordre du
Commissaire du Pouvoir exécutif près l'Administration municipale de Suippe ;

Le Jugement du Tribunal du 6 Ventôse qui,
après avoir entendu le Commissaire du Pouvoir
exécutif, et vu la liste générale des émigrés et
déportés du Département de la Marne, du 27
Prairial, l'an second de la République Française, sur laquelle ledit Musart se trouve inscrit
page 13, comme ayant été déporté, a ordonné
qu'en exécution de la Loi du 20 Fructidor, an
trois, ledit Musart, amené ledit jour devant le
Tribunal, seroit traduit en la Maison de Justice,
pour être procédé à son égard conformément

aux Loix ; la notification faite le même jour dudit Jugement à Musart ; le procès-verbal de la remise de sa personne en ladite Maison de Justice, dudit jour ;

L'interrogatoire subi par ledit Musart, le 7 du même mois, devant le Président du Tribunal, d'après lequel il a dit se nommer Nicolas Musart, âgé de quarante-un ans, Curé de Somme-Vesle et Poix, domicilié audit Somme-Vesle ;

La déclaration dudit Musart, faite le 4 Septembre 1792, au Directoire du ci-devant District de Châlons, portant : que pour satisfaire à la Loi du 26 août 1792, relative aux Ecclésiastiques qui n'ont pas prêté le serment prescrit par les Loix des 26 Décembre 1790, et 17 Avril 1791, son intention étoit de se retirer dans le délai de quinzaine hors de l'Empire Français, pour se rendre à Spire en Allemagne ; qu'en conséquence, il lui a été délivré un passeport à cet effet ; de tout quoi il lui en a été donné acte, que ledit Musart a représenté lors de son interrogatoire susdaté, lequel a été signé et paraphé, tant par lui que par le Président du Tribunal, et joints aux pièces de la procédure ;

L'ordonnance du Président étant ensuite dudit interrogatoire, portant soit communiqué au Commissaire du Pouvoir exécutif près les Tribunaux civil et criminel, et à l'Accusateur public ;

Les conclusions du Commissaire du Pouvoir exécutif, du 8 de ce mois, portant déclaration que les actes judiciaires lui paroissent conformes à la Loi ;

Le réquisitoire de l'Accusateur public du même jour 8 Ventôse, tendant à ce qu'il plaise au Tribunal fixer le jour auquel il donnera audience pour juger ledit Musart, et qu'ordonnance lui soit délivrée, à l'effet de faire assigner les témoins nécessaires pour, aux termes de l'article II du titre V de la seconde section de la Loi du 25 Brumaire, l'an 3e, reconnoître si ledit Musart est la même personne que celle dont le nom est inscrit sur la liste générale des émigrés et déportés du Département à la page 13 ;

Le Jugement du Tribunal, du 10 dudit mois de Ventôse, portant qu'il sera procédé au Jugement dudit Musart le 20 du présent mois ;

La transmission faite au Greffe du Tribunal par le Commissaire du Pouvoir exécutif, le 14 du présent mois, tant des déclarations dudit Musart, et passe-port à lui donné ledit jour 4 Septembre 1792, que d'un certificat de l'Administration centrale du Département de la Marne, du 13 du courant, duquel il résulte que Nicolas Musart, ex-Curé de Somme-Vesle, Commune du ci-devant District de Châlons, Département de la Marne, déporté à Spire le 4 Septembre 1792, suivant le passe-port qui lui a été délivré par le ci-devant District de Châlons, ledit jour 4 Septembre 1792, est compris comme déporté sur la liste générale des émigrés, et prévenu d'émigration, déporté, réclus, et condamné du même Département, arrêté le 27 Prairial, an second, et qu'il n'est pas à la connoissance des Administrateurs dudit Département, qu'aucun Jugement ou

Arrêté aient relevé ledit Musart de l'état de déportation.

Et après avoir entendu les témoins cités à la requête de l'Accusateur public, lesquels ont fait leurs déclarations ainsi qu'il suit, savoir :

Le premier témoin a dit se nommer Jean-Martin, Menuisier, demeurant à Somme-Vesle, âgé de cinquante ans environ, a dit être cousin issu de germain audit Musart, et n'être point à son service, a déclaré, après avoir fait la promesse de dire la vérité, toute la vérité, rien que la vérité, qu'il connoît l'Accusé, ici présent, pour être Nicolas Musart, ex-Curé de Somme-Vesle ; qu'il sait qu'il a été déporté, et a signé après lecture faite. Signé Jean-Martin.

Le deuxième témoin a dit se nommer Louis Arnould, Cultivateur, demeurant à Somme-Vesle, être âgé de trente-cinq ans, n'être parent, allié, ni au service de l'Accusé, lequel après avoir fait la promesse de dire la vérité, toute la vérité, rien que la vérité, a déclaré qu'il reconnoit l'Accusé, présent, pour l'avoir vu Curé de Somme-Vesle en 1792 ; qu'il est à sa connoissance qu'il a été déporté, et que c'est lui qui est inscrit sur la liste des prêtres déportés du Département de la Marne, sous le nom de Nicolas Musart, ex-Curé de Somme-Vesle, et a signé après lecture faite. Signé Louis Arnould.

Le troisième témoin a dit s'appeler Pierre Arnould, Manouvrier, demeurant à Somme-Vesle, âgé de trente et un ans, être parent et cousin germain de l'Accusé à cause de sa femme, et n'être attaché à son service, lequel après avoir promis de dire la vérité, toute la vérité, rien que la vérité, a déclaré qu'il connoît l'Accusé, présent, pour être l'Ancien Curé de Somme-Vesle ; avoir exercé les fonctions de ministre du culte catholique depuis l'année 1784 jusqu'à la révolution ; qu'il a été déporté, et que c'est lui qui est inscrit sur la liste des prêtres déportés du Département de la Marne, sous le nom de Nicolas Musart, ex-Curé de Somme-Vesle, et a signé après lecture faite. Signé Pierre Arnould.

Le quatrième témoin a dit s'appeler Etienne Appert, Laboureur, demeurant à Somme-Vesle, être âgé de cinquante-neuf ans, et n'être parent, allié, ni au service de l'Accusé, lequel, après avoir fait la promesse de dire la vérité, toute la vérité, rien que la vérité, a déclaré que Nicolas Musart, ici présent, est celui qui est désigné sur la liste des prêtres déportés du Département de la Marne, sous la qualification d'ex-Curé de Somme-Vesle ; qu'il a exercé les fonctions de Curé dudit lieu pendant dix ans ou environ, après quoi il a été déporté, et est rentré audit lieu de Somme-Vesle depuis environ un an, et a repris l'exercice de son ministère, et a signé après lecture faite. Signé Etienne Appert.

Le cinquième témoin a dit se nommer François Appert, Cultivateur à Somme-Vesle, âgé de trente et un ans, qu'il est parent à l'accusé à un degré très éloigné, et n'est point attaché à son service, lequel après avoir fait la promesse de dire la vérité, toute la vérité, rien que la vérité, a déclaré que l'Accusé, ici présent, est Nicolas Musart, Curé de Somme-Vesle avant la révolution ; qu'il a été déporté, et est le même que celui qui est inscrit sur la liste générale des

Prêtres déportés du Département de la Marne,
sous la désignation d'ex-Curé de Somme-Vesle,
et a signé après lecture faite, ainsi signé
François Appert.

Après avoir entendu l'Accusateur public, le
Commissaire du Pouvoir exécutif en ses conclusions motivées, et l'Accusé dans ses défenses,

Le Tribunal considérant que Nicolas Musart,
ex-Curé de Somme-Vesle, est porté, page treize,
sur la liste générale des émigrés et Prêtres
déportés du Département de la Marne, en date
du 27 Prairial, an deuxième ;

Que ledit Musart convient lui-même de la
déportation, représente le passe-port qui lui a
été délivré sur la demande qu'il en a faite à
l'Administration du ci-devant District de Châlons, le 4 septembre 1792, pour se rendre en
pays étranger ;

Qu'il convient qu'il est rentré sur le territoire
de la République dans le courant du mois de
Juillet 1795 (vieux style) ;

Qu'il a été reconnu, par tous les témoins
entendus, pour être identiquement le même que

celui qui est porté sur ladite liste sous le nom de Nicolas Musart, ex-Curé de Somme-Vesle ;

Que la Loi du 3 Brumaire, an quatre, porte, article X : « Les Loix de 1792 et 1793, contre « les Prêtres sujets à la déportation ou à la « réclusion, seront exécutées dans les vingt- « quatre heures de la promulgation du présent « Décret » ;

Que la Loi des 21 et 23 Avril 1793, porte, article V : « Ceux des Déportés en exécution « des articles Ier et II de la Loi, qui rentreroient « sur le territoire de la République, seront « punis de mort dans les vingt-quatre heures »;

Que la Loi du 17 Septembre 1793, porte, « que les dispositions des Loix relatives aux « émigrés, sont en tous points applicables aux « déportés » ;

Que la Loi du 28 Mars 1793, porte, article « Ier : « Les émigrés sont bannis à perpétuité « du territoire Français ; ils sont morts civile- « ment ; leurs biens sont acquis à la République ; « article II, l'infraction de bannissement porté « par l'article 1er sera punie de mort » ;

Que la Loi du 26 Avril 1793, porte, « Que
« les émigrés ne doivent en aucun cas être
« jugés par des Jurés » ;

Que la Loi du 27 Pluviôse, an second, porte,
« Que les Jugements rendus ou à rendre contre
« les Ecclésiastiques, seront exécutés sans
« appel ni recours au Tribunal de Cassation » ;

Que la Loi des 29 et 30 Vendémiaire, an
« second, porte, art. XVII, « Les Prêtres
« déportés volontairement et avec passe-ports,
« ainsi que ceux qui ont préféré la déportation
« à la réclusion, sont réputés émigrés » ;

Que la Loi du 12 Floréal, an 3, porte : « Les
« individus qui, ayant été déportés, sont ren-
« trés dans la République, seront tenus de
« quitter le Territoire Français dans l'espace
« d'un mois ; passé ce temps, s'ils sont trouvés
« après la publication de la présente Loi sur ce
« Territoire, ils sont punis de la même peine que
« les émigrés » ;

Que la Loi du 25 Brumaire, an 3, concernant
les émigrés, porte, titre IV, section première,
« Les émigrés sont bannis à perpétuité du

« Territoire Français, et leurs biens sont
« acquis à la République » ;

Art. II. « L'infraction de leur bannissement
« sera punie de mort » ;

Et titre V, section première, article premier,
« Tout émigré qui rentrera ou sera rentré sur
« le Territoire de la République contre les
« dispositions de la Loi, sera conduit devant le
« Tribunal criminel du Département, qui le
« fera traduire dans la Maison de Justice » ;

Art. II. « Si le Département dans l'étendue
« duquel l'émigré aura été saisi est celui de son
« domicile ordinaire, l'Accusateur public sera
« tenu de faire reconnoitre, sans délai, si la
« personne du Prévenu est la même que celle
« dont l'émigration est constatée par les listes
« des émigrés » ;

Art. III. « Il fera citer, à cet effet, des
« Citoyens d'un civisme reconnu, au moins au
« nombre de deux, résidant dans la Commune
« du domicile du Prévenu, ou à leur défaut
« dans les communes circonvoisines. Le Pré-
« venu comparoîtra devant eux à l'Audience,

« où ils seront entendus publiquement, et tou-
« jours en présence de deux Commissaires du
« Conseil général de la Commune où le Tribu-
« nal est établi : s'ils affirment l'identité, les
« Juges prononceront, contre l'émigré, la peine
« de mort ou de déportation, aux termes des
« articles II et III du titre IV de la présente
« Loi » ;

Que l'article CCCLXXIII de la Constitution
Française porte : « La Nation Française dé-
« clare, qu'en aucun cas, elle ne souffrira le
« retour des Français qui, ayant abandonné
« leur Patrie depuis le 13 Juillet 1789, ne sont
« pas compris dans les exceptions portées aux
« Lois rendues contre les émigrés » ;

Que l'article DXCVIII du Code des délits
porte : « Sont maintenues les Loix sur la ma-
« nière de juger les émigrés » ;

Que l'article CCCCXLV dudit Code porte,
« Que l'exécution des Jugemens criminels se
« fait sur une des places publiques de la
« Commune où le Tribunal criminel tient ses
« séances » ;

Par Jugement en dernier ressort et sans recours au Tribunal de cassation,

Condamne, en exécution des Loix précitées et dont il a été fait lecture, Nicolas Musart, ex-Curé de Somme-Vesle, à la peine de mort ; déclare ses biens acquis et confisqués au profit de la République.

Ordonne que le présent Jugement sera mis à exécution sur la place publique de cette Commune à ce destinée, et ce dans les vingt-quatre heures, et à la diligence du Commissaire du Pouvoir exécutif près les Tribunaux civil et criminel du Département ; qu'il sera imprimé au nombre de cent exemplaires, et affiché dans toute l'étendue du Département.

Fait à Reims le 20 Ventôse, l'an 4 de la République Française, une et indivisible, en l'audience publique dudit Tribunal criminel, ou étoient présens les Citoyens LEGRAND-RIGAULT et MARLETTE, Officiers municipaux de la Commune de Reims, invités à se rendre en ladite audience par le Président du Tribunal, pour être présens, conformément aux dispositions de la Loi, à l'instruction et au Jugement dudit Musart, et à laquelle audience assistoient JEAN-JOSEPH DESAINTGENIS, Président, LAURENT PELLERIN, SIMON-PIERRE MOREAU, FRANÇOIS DROUOT, Juges audit Tribunal, et JEAN-AUGUSTE MARGAINE, Juge du Tribunal civil, invité, qui ont signé la minute du présent Jugement ; ainsi *Signé* DESAINTGENIS, PELLERIN, DROUOT, MOREAU, MARGAINE, et LEJEUNE, Greffier.

Au nom de la République Française, il est ordonné à tous Exécuteurs de mandemens de Justice, de mettre le présent Jugement à exécution ; à tous Commandans et Officiers de la force publique de prêter main-forte lorsqu'ils en seront légalement requis.

Signé DESAINTGENIS.

La présente expédition scellée du sceau du Tribunal criminel, signée du President d'icelui. délivrée conforme à la minute par moi Greffier dudit Tribunal soussigné, au Citoyen Commissaire du Pouvoir exécutif, ce requérant.

LEJEUNE,

Greffier.

VI.

ÉTAT DES PIÈCES CONCERNANT LE CORPS
DE M. MUSART, CONSERVÉES
AUX ARCHIVES DE L'ARCHEVÊCHÉ DE REIMS.

1° VIE DE M. MUSART, par l'abbé Loriquet, (imprimée depuis).

2° JUGEMENT ET CONDAMNATION de M. Musart.

3° COMPTE-RENDU des mesures prises par Mme Baudemont et Mlle Capy pour l'exhumation du corps de M. Musart.

4° PROCÈS-VERBAL de l'exhumation et de l'enlèvement du corps.

5°, 6°, 7°, CERTIFICATS de reconnaissance authentique de la fosse où était le corps.

8° DÉNOMBREMENT et nomenclature des osse-ments, par M. Pierret, en juillet 1800.

9° PROCÈS-VERBAL récognitif des pièces,

documents, formalités, etc..., dressé le 4 août 1800 par MM. les Vicaires généraux.

10° PROCÈS-VERBAL de M. Pâté de Vandières, relativement aux ossements de M. Musart et à leur translation de 1800 à 1825.

11° CERFITICAT de M. le curé Froussart (1818).

12°   —   de M. l'abbé Philippot (1823).

13°   —   de M. Loriquet-Pâté (1825).

14°   —   de M. l'abbé Cliquot (1827).

15°   —   de Mmes Religieuses Carmélites
                        (1827).

16° PROCÈS-VERBAL et nouvelle vérification des ossements de M. Musart (25 oct. 1727) ; Procès-verbal de l'envoi de 12 côtes de M. Musart à Châlons (mars 1835), signé : Gros.

Autres pièces conservées à l'archevéché avec les précédentes :

1° LETTRE du Conseil municipal de Somme-Vesle à Mgr l'Evêque de Châlons, priant le prélat de leur faire restituer les restes de M. Musart (14 nov. 1843).

2° LETTRE de Mgr l'Evêque de Châlons à

Mgr l'Archevêque de Reims, appuyant la demande du Conseil municipal de Somme-Vesle. (21 nov. 1843).

3° Recueil de 1800, par Thibault-Vernaut, de diverses pièces écrites par lui sur les ossements de M. Musart.

VII.

CERTIFICAT D'AUTHENTICITÉ DES RESTES CONSERVÉS A CHALONS ET LETTRE D'ENVOI DE M. HULOT.

I.

AUTHENTICITÉ DE LA PRÉSENTE DU 24 MARS 1799.

Nous, soussignés, certifions que ceci est véritablement la partie droite de la peau du menton de monsieur Musart, prêtre et curé de Somme-Vesle, martyrisé à Reims par le supplice de la guillotine le 11 mars 1796, à midi et demi. J'atteste de plus avec vérité l'avoir extraite de son tronc le 12 à 8 heures du soir, dans la fosse même où il repose, près le jeune Montigny, à six pieds du mur qui fait face au faubourg Cérès, et à l'extrémité du terrain bénit, remar-

quable par l'éminence du mur élevé pour ra-
grandir le cimetière. La contre-partie de ce qui
est ici est entre les mains de M. Le Court,
prêtre et religieux bernardin, qui le premier,
animé du même zèle que j'avais déjà, m'excita
à tenter cette opération. Un de mes frères, religieux prémontré, et M. Baligot, religieux de
l'abbaye de Saint-Jean de Soissons, nous accom-
pagnèrent, pour nous prémunir contre toute
funeste rencontre, et ont signé avec nous pour
en confirmer la vérité et y ajouter la foi et le
respect que doit inspirer ce reste précieux d'un
martyr de nos jours.

Signé :

BALIGOT, S. D.

J. F. LE COURT, rel. bern.

THIBAULT-RENARD.

En note à gauche :

> Mon frère a refusé
> de signer, par crainte.

Au dos de cet acte est l'attestation suivante
de M. Hulot, vicaire général de Reims lors de
l'envoi en 1828 :

« Je, soussigné, atteste que le témoignage par écrit, d'autre part, est de toute authenticité, et que foi doit y être ajoutée, d'autant que le sieur Thibault-Renard, qui l'a rédigé de sa propre main, et veut bien aujourd'hui céder à Mgr l'Evêque de Châlons-sur-Marne la peau de la mâchoire inférieure de M. Musart, laissée pendante à l'extrémité du tronc par le tranchant de la guillotine, après l'avoir respectueusement conservée l'espace de trente-deux ans, est un excellent catholique qui édifie tout le Chapitre en assistant, tous les jours, à l'Office canonial aussi régulièrement qu'un chanoine.

« A Reims, le 18 janvier 1828.

« Hulot,

« Vicaire-général, official du diocèse de Reims, archidiacre de Saint-Remy et chanoine titulaire de la Métropole. »

II.

LETTRE D'ENVOI DE M. HULOT.

Reims, le 22 janvier 1828.

Monseigneur,

Sans doute il est bien naturel que le diocèse

de Châlons, où M. Musart a jadis répandu la bonne odeur de Jésus-Christ, possède aussi quelques restes précieux du corps de ce vénérable martyr de la foi et de l'unité catholique. Je ne puis rien distraire des ossements recueillis en 1800, avec l'assentiment du Conseil ecclésiastique de son Excellence Mgr de Talleyrand-Périgord. Ils appartiennent au diocèse de Reims. Mais le nommé Isidore Thibault-Vernaut, demeurant à Reims, rue de Tillois, nº 52, qui a signé *alors*, sous le nom de Thibault-Renard, du nom de sa première femme, quelques-uns des procès-verbaux relatifs à l'extraction du corps, et qui doivent se trouver entre les mains de Votre Grandeur, veut bien, à ma sollicitation, céder la partie droite de la peau de la mâchoire inférieure séparée par le tranchant de la guillotine, qu'il conserve respectueusement depuis trente-deux ans.

Vivement affecté de la mort si édifiante du saint pasteur de Somme-Vesle et de Poix, le 11 mars 1796, cet excellent catholique, la nuit du 12 mars, escalada le mur du grand cimetière de

Porte-Mars, accompagné de trois religieux prêtres ou dans les ordres sacrés. Il avait remarqué avec le plus grand soin l'endroit où le corps avait été inhumé, et avait d'abord formé le dessein d'enlever au moins la tête, mais n'ayant pu l'atteindre, il coupa, à la hâte, avec les ciseaux qu'il portait toujours sur lui, comme élève alors en chirurgie, les peaux de la mâchoire inférieure qui en avaient été séparées et étaient demeurées pendantes à l'extrémité du tronc. Le procès-verbal de ce pieux larcin ne fut rédigé et signé qu'en 1799. Encore le frère de M. Thibault refusa-t-il, même alors, par crainte, d'y apposer sa signature. Il se trouve renfermé, avec la partie droite des peaux susdites, dans le petit coffre que j'ai l'honneur d'envoyer à Votre Grandeur. La contre-partie gauche des mêmes peaux avait été, dit-on, donnée à M. Le Court, l'un des signataires ; mais il paraît qu'elle est perdue.

J'ai pensé, Monseigneur, que cette portion de la dépouille mortelle de M. Musart, toute faible qu'elle est, ne pourrait manquer de vous être agréable, Sans doute elle ne manquerait pas d'attacher de plus en plus son ancienne paroisse à la foi catholique pour laquelle il a versé tout son sang ; mais n'y aurait-il pas à craindre que ces bonnes gens ne vinssent à lui rendre quelque culte public ?

Je soumets cette réflexion à votre haute sagesse, trop heureux, Monseigneur, de pouvoir vous donner quelque marque légère de la vive reconnaissance et de la profonde vénération avec lesquelles je suis et serai à jamais,

de Votre Grandeur

le très humble et très dévoué serviteur,

HULOT, *Vic. gén.*, *Archid. de St-Remi.*

Au dos, Mgr de Prilly a écrit de sa main :

« Portion de la peau de la mâchoire inférieure du saint prêtre M. Musart, curé de

Somme-Vesle, diocèse de Châlons, martyrisé à
Reims durant la dernière persécution.

« *A. M. D. G.*

« † M. J. F. V., *évêque de Châlons.* »

TABLE DES MATIÈRES

Châlons, typ.-lithog. Martin frères.